菩提伽耶那一夜

बोधगया

依空法師 著

自序——一座只能仰望的高山

《論語．子罕篇》中，孔子最優秀的學生顏回讚歎他的老師說：「仰之彌高，鑽之彌堅，瞻之在前，忽焉在後。」表示孔子的境界高山仰止，景行行止，無法臆度。〈里仁篇〉中，有學生問孔子的學問道德，曾子回答說：「夫子之道，忠恕而已矣！」從一九七三年參加大專佛學夏令營，自覺地歸依佛教以來，親近師父倏忽已五十年了。愈親近他，師父愈像一座巍峨的高山，愈無法掌握他的形與貌。

師父一生閱歷太多的奇人妙事，一個人能在有限的數十寒暑，活出如此飽滿、睿智、欣怡、多彩的生命，本身就是讓人驚歎的奇人妙事，實在無法以二三言語來管窺、概括。

家人中，我並不是第一個皈依星雲大師的弟子，早在六十多年前，二姊、五姊就在宜蘭雷音寺皈依師父門下，法名分別為慈珊、慧莊。家中佛堂擺設有木魚、磬，小時候非常羨慕他們能用流利的閩南話背誦出〈普門品〉、〈大悲十小咒〉、《阿彌陀經》等經文，以悅耳悠揚的音聲吟唱各種佛讚。可能是如此的耳濡目染，多年後唱誦梵唄竟然成為我的本業、當行。五姊還差一點去壽山寺就讀第一屆佛學院。當我第一次上佛光山時，師父就說我們三姊妹是「有心栽花花不發，無心插柳柳成蔭」，我要把她們二人的菩提慧命也修成圓滿。

幼小時，台灣整個經濟尚未起飛，每年雷音寺的佛七是我們小孩子最盼望的節日，每晚七點半到佛堂乖乖念二小時的佛號，聽佛教故事，然後等著甜甜軟軟的點心，有沙其瑪、素菜包子、壽桃，我最愛麵粉做的佛手。「欲令入佛智，先以欲鉤牽」，因緣不空過，上大學時，我就被這雙佛手接引進了佛光山。

回想一九七三年時，佛光山舉辦第五屆「大專佛學夏令營」，我把握千載一時的機緣，上山參加為期二星期的夏令營，接觸了正信、喜悅、充滿智慧的佛教僧團，從此決定了一生的方向。兩百位學員就是兩百顆菩提種子，灑向十方，如師父文中所言，許多的種子都已開花結果，在各自的領域福蔭眾生。在活動中，我們感受到師父對青年幾近縱容的重視與接納，滿山的龍眼、鳳梨，被我們這群蝗蟲似的莘莘學子，幾天內吃得精光，師父始終不減他的深深笑意。其實早在一九五六年，師父以而立之齡，就在財力、物力缺乏的情況下，在台北借別人場地創辦大專佛學夏令營，接引知識青年學佛。沒有師父創辦的夏令營，大專青年不知走出知識的象牙塔，去探求佛法的堂奧，去體悟謙沖的涵意。沒有師父的創辦夏令營，恐怕自己至今還躑躅在真理門外，師父的智慧遠見嘉惠多少的青年學子！

一九七五年我辭去彰化高商的教職工作，帶著一身的新奇、興奮、熱忱，「為求真理登淨域」，上了佛光山。師父給我的第一份工作，是將他的一篇演講稿加以潤筆、謄寫，並要我提出意見。一星期後，我初生之犢不怕虎，竟然大喇喇地批評起文章內容來，只見師父慈祥可親地聽著，頻頻點頭稱許，而一旁幾位出家師兄早已臉色鐵青，原來我不知天高地厚冒犯了師長，而師父的開明、民主、包容風範，深深烙印我的心中，種下日後我記錄他演講集的因緣。萬籟俱寂的夜晚，當大家美夢正酣時，我爬著方格子，把錄音帶裡師父濃重的吳儂口音，化成字字珠璣，腦際忽然浮現一首詩偈：「手把青秧插滿田，低頭便見水中天。六根清淨方為道，退步原來是向前。」每每退到最後一格，一篇兩萬多言、充滿文字般若的演講稿便完成了。我有農夫耕耘園田的快樂，我耕作的是一塊智慧福田，思忖自己無法成為偉大的思想家時，至少要做個把偉大的思想傳播十方的人。《論語》、《孟子》、《六祖壇經》，天台大師的法華三部，不都是弟子們所傳錄的嗎？

一九七七年九月，「中日佛教關係促進會」在日本召開，師父擔任台灣的會長。大會結束之後，師父帶著我去拜訪日本巴利文權威、駒澤大學副校長水野弘元先生，央請水野教授擔任我在日本留學期間的監護人。步出水野先生宅第時，師父悠悠地說：「世間的父母望子成龍、望女成鳳的心情，正是我現在的心境寫照。」佛門父母對於子弟的呵護和世間父母原來沒有兩樣。我問師父要攻讀哪一個宗派，他淡淡地說：「把僧衣、僧鞋、僧襪穿好了。」日本佛教因為特殊的歷史因緣，自鎌倉佛教時代親鸞創淨土真宗以來，逐漸走向「妻帶」的在家佛教化，師父要我們把出家人的本分守好，本固自然道生。佛光山派去日本留學的弟子都能不辱所望，學成歸國，服務常住。

有一年寒假返台，師父本想借用某個佛教寺院興辦中國佛教研究院，培養佛學人才，不料卻遭對方拒絕。面對一籌莫展的大家，師父淡淡地說：「過年快到了，我們回佛光山把地掃乾淨，把麵炒得好吃，信徒高興，自然會添油香。」信徒回山禮佛，要向星雲大師拜年，找不到師父，原來他正在朝山會館廚房炒麵。我因為開學在即，向師父告假。他捧著一大鍋剛炒好的熱麵，油光滿面地問我吃飯了沒有？並且順手抓起一大盤麵叫我吃。我驀然想起志開老和尚給師父「半碗鹹菜」，鼓勵他發大菩提心的前塵往事。我捧著一碗熱騰騰的炒麵，轉過身去，和著熱淚一口一口地咀嚼起來。心中發願：「師父！感謝您今日一碗麵的因緣，我要效法您的以教為命，發廣大心，弘法利生為家務。」

師父心思細膩，待人慈和。有一次父親到佛光山小住幾天，老人家身患多年腸胃毛病，記憶中他不能進食米麥五穀，不慎飲食，便嘔吐不已，只能吃花生湯。因此，兄姊特地為父親準備一鍋花生湯，帶到佛光山做為主食。師父問我父親來山食宿可好？我正要去朝山會館烹煮花生湯，只好據實以告。翌日清晨，他把我叫到老慧明堂，把侍者為他準備的花生漿交給我，囑咐我煮給父親食用。這件事父親直到往生前還念念不忘，感恩在胸懷。我的色身父親教我「滴水之恩，湧泉以報」，知恩、感恩、報恩的千古道德；我的慧命師父則教我布施、慈悲的修行功德。

師父念茲在茲的是佛教如何弘揚、擴展、延續，他到印度傳戒，希望「回歸佛陀的時代」，把佛教重新傳播到佛陀的故鄉——印度。師父不僅率領信徒去朝聖，並且帶去大批的毯子、食物，贈送給當地的印度人民。我永遠記得當有人向師父問起，為什麼他不辭旅遊的顛沛，飲食的不方便，疾病的纏縛，氣候的惡劣，千里迢迢一次一次率領大眾跋涉千山萬水，到印度來朝聖時，師父那一番充滿悲願睿智、語重心長的言語，在我們弟子內心留下刻骨銘心的震撼與永不磨滅的記憶，他說：「人生最大的幸福，莫過於讀萬卷書，行萬里路，認識萬種人。我為什麼幾度帶著佛弟子們到印度來朝拜佛陀的聖地，是為了擴展佛教青年的視野，去呼吸大地的遼闊廣袤，去體悟佛陀的慈悲偉大。透過對聖地的巡禮，去肯定自己對佛教的堅定信仰，去培養愛教護教的菩提種子。尤其重要的，我希望藉著佛教一批一批的朝聖人潮，能夠喚起印度政府的注意，好好地去保護佛陀聖蹟，發揚佛教文化。不久的將來，寄望佛教也能像回教徒朝拜麥加，基督教徒巡禮耶路撒冷一樣，百萬人天一齊朝禮藍毗尼園。」這就是以教為命、至情至性的師父。

師父更關心佛教在台灣乃至大陸的正常發展，修訂一部健全的《宗教法》，是他多年鍥而不捨的心願。一九七〇年代，立法委員楊寶琳等一行人到佛光山拜訪，了解佛光山對於《宗教法》的看法，師父當時是宗教諮詢顧問。全山嚴陣以待，師父帶著我們親自招待。當一群貴賓參觀完佛光山的殿堂回到朝山會館時，師父對著恰巧站在他身旁的我交代說：「泡茶！」我跑到櫃台轉達師父的指示，不想櫃台的師兄對我說：「全山停水。」我少不更事又小跑步到師父身邊說：「沒水。」老人家用嚴厲的眼光喝斥我：「這個時候跟我說沒水。」我嚇得轉身跑回櫃台：「趕快泡茶！」廚房裡於是人仰馬翻想辦法去提水，最短時間內泡出熱氣騰騰、香氣撲鼻、琥珀顏色的茶水來招待貴賓。客人茶足飯飽離開佛光山之後，師父集合我們二十餘位弟子檢討工作得失，他語氣凝重地說：「今天第一個應該被檢討的人就是依空，漫說沒水泡茶，我恨不得將身上血液化為清水，煮成好茶來供養客人，以解他們的飢渴。」

我後來從佛陀的本生故事，看到讓我震撼感動的記載：佛陀過去世曾出生為慈力王，發願普施國中一切眾生食物。國王擔心大臣們態度傲慢，讓受者感到不受尊敬，親自監督布施工作進行。他看到百姓們歡喜地接受布施，行列外卻有五位頭戴冠冕，身材魁偉的大漢，佇立路旁作觀望狀。國王謙和地問他們為何不去接受供養？大漢們說自己是吸血鬼，國王施捨的是世間一般食物，他們無法消受。國王於是挽起衣袖，露出健壯的手臂說：「我今日既然發願普施一切眾生，願無虛發，你們一定要接受我的鮮血供養。為了讓你們免除生生世世淪為吸血鬼的飢餓痛苦，我更發願未來我若成佛，一定先來度化汝等五人。」這五位吸血鬼就是佛陀最初的弟子——五比丘。原來我師父他所實踐的是佛陀的大悲心，這是累劫多生所長養的慈心悲願，遇緣自然噴發。

我是個個性疏懶的人，勤於讀書，懶於筆耕。師父認為我既然讀的是中國文學系，應該喜歡動筆。受到他的鼓勵、督促，我偶爾也塗鴉一番。讀了他的《釋迦牟尼佛傳》，我油然興起撰寫《星雲大師傳》的念頭，但是日子愈長久，覺得師父就像廬山一樣，「橫看成嶺側成峰，遠近高低各不同」，只因自己身處廬山之中，無法了解廬山的煙雲真貌，只好頹然擱筆。幸好有符芝瑛、林清玄等先生的大作，彌補我們弟子未竟的工作。

師父是個勤於筆耕的人，除了典座是他的最愛之外，文教一直是他最關心的佛教事業。汗牛充棟、學富五車、著作等身，都已無法形容他的文化耕耘成果。二〇二二年，更完成三九五冊的《星雲大師全集》鉅著，將他八十餘年來畢生推動人間佛教的理念，展現於世間。早年他寫的《釋迦牟尼佛傳》、《玉琳國師》、《十大弟子傳》，一直是佛光出版社的暢銷書。當時初生之犢不怕虎的我，滿懷年輕人的熱情對他說：有一天我也要寫出佛光山的十大弟子傳。他告訴我一段公案：他少年讀書的棲霞禪寺，山後有座千佛窟，有一位僧人雕刻了一千尊佛像，仔細一數，咦！怎麼少了一尊，再補一尊，小心翼翼再數，哇！還是少了一尊。這位僧人於是縱身一躍，飛入石窟中，成為第一千尊佛。剎時我感悟到師父對我們的期許，他要我們每個弟子都要成為那第一千尊，這是一位慈祥的長輩希望他的子弟「向上一著」的殷殷教誨。

五十年過去了，他讓我承擔各項如來家業，諸如佛光山叢林學院、普門中學、南華大學及西來大學的教育行政工作，國內外的寺院法務、傳燈會、文教基金會、國際佛光會、文化院、人間福報等等歷練。讓我們讀萬卷書、行萬里路、做萬種事、結萬種緣、度萬種眾、修萬種行，他希望弟子們個個傑出，成聖希賢。做為佛光山的弟子有一種大福報，就是永遠有一位諄諄善誘的長輩，老婆心切地教導你。

佛陀在印度創建了佛教，阿育王派他的王子把佛教傳播到斯里蘭卡，師父則把佛教推廣到五大洲，讓有陽光處就有佛光，有流水地就有法水，人間有佛法，推動佛教人間化、現代化、制度化、國際化，為佛教寫歷史，師父自己也在歷史中留下不可磨滅的定位。

輯三　生命出口

輯六　佛教文學

悲欣交集

輯一

慈父的呼喚

佛陀的堂弟，同時也是弟子之一的提婆達多，為了奪得僧團的領導地位，從十力迦葉處騙得了神通，為得到名聞利養，幻化作小兒，蠱惑摩竭陀國太子阿闍世奪取王權，將無辜的父親頻婆娑羅王幽禁於七重牢獄，並橫加殺害。

殺死了父王的阿闍世，雖然貴為國君，享受人間一切欲樂，但是果報現前，全身長滿了惡瘡，臭穢無比。母后韋提希不忍心，遍尋良藥塗抹其身，不但藥石罔效，病情反而更加惡化。阿闍世自知犯了五逆重罪，必將墮入地獄受苦，終日懊悔憂悲，身心飽受煎逼。

看到深陷在痛苦泥沼中，快要滅頂的國王，大臣們紛紛跳出來提出良策，於是有六位大臣：月稱、藏德、實得、悉知義、吉德、無所畏等人，分別推薦了富樓那、末伽黎拘舍離子、刪闍耶毗羅胝子、阿耆多翅舍欽婆羅、迦羅鳩馱迦旃延、尼乾陀若提子等六位外道沙門，勸慰阿闍世說，國王是一切眾生中最為尊貴者，可以隨意自在行善作惡，縱然造惡也無罪業。凡此種種遮無因果的謬論，反而更增加阿闍世王的煩惱。

有賢相耆婆決定拯救陷入痛苦淵藪的國王，苦口婆心開啟阿闍世說：「譬如星星之火能燒森林，小許毒藥能奪人命，少善亦能破除重大罪惡。沒有慚愧心者，名為畜生；不信因果業報、不見三世、不親近善知識、不能奉持佛陀所說的戒法、不知道慚愧，凡此種種惡行者，名為一闡提。國王心存慚愧，所以不是一闡提之輩。畜生提婆達多驅使大醉象要踏死佛陀，受到佛陀的感化，幡然醒悟，萌發菩提心。畜生尚且能夠得度，去除深重的罪業，國王您是知慚愧的有情眾生，一定可以脫離惑苦。佛陀中夜即將在娑羅樹下證入無餘涅槃，您要把握最後因緣，趕快去誠心聽法。」一臉赧然神色的阿闍世，囁嚅不安地搓著雙手說：「佛陀是清淨調柔的聖者，他的眷屬一定都是六根清淨、習氣調柔的人，譬如芬香的栴檀林被栴檀林所圍繞，而銳利的荊棘則長在荊棘叢中。我如此極惡的罪人，臭穢纏裹，必墮地獄無疑，佛陀怎麼可能救護我？我縱然前往，也是徒勞無功。」可憐的阿闍世，彷彿溺水的人，陷入徹底的絕望深淵。

正在耆婆一籌莫展、阿闍世裹足不前的時分，空中突然傳來蒼老、慈祥的音聲：「阿闍世喲！無上的佛法將要衰微，深闊的法河就要乾涸，智慧明燈眼看熄滅，佛法高山行將頹倒，法船即將沉沒，法橋崩壞、法幢倒塌、法樹摧折，大善知識將離我們遠去，怖畏的時代迫在眉睫，愚癡眾生將淪入無佛法可聽聞的饑渴境地，佛法的日輪將沉沒於大涅槃山之中，那是個魔王欣慶、沒有智慧光明的闇黑世界。阿闍世喲！佛陀如果涅槃，你的重惡更無法救拔，墮入阿鼻地獄只在旦夕之間。現在除了慈悲的佛陀之外，沒有任何人可以救護你，切莫猶豫，趕快前往佛陀座前吧！」

一臉驚慌、怖懼的阿闍世，全身戰慄，抖動如危脆的芭蕉樹，忐忑不安地仰望天空說：「你是什麼人？為什麼不見形像，只聽得到聲音？」

「大王喲！我是你的父親頻婆娑羅呀！你要接受耆婆的勸告，不要被六位大臣的邪說所迷惑。」阿闍世痛徹心扉，悶絕倒地。

拘尸那城娑羅樹下，吉祥而臥的佛陀決定為阿闍世延遲證入無餘涅槃，並以月愛三昧光明照攝阿闍世王身，治癒身瘡病苦，再以無上妙法對治心病。

世間偉大的父母，不管子女對自己如何傷害，永遠不離不棄，無怨無悔地付出，慈愛逾恆，守護身邊。《維摩詰經》說：「其子得病，父母亦病；若子病愈，父母亦愈。」菩薩對待眾生愛之如子女，「眾生病，則菩薩病；眾生病愈，菩薩亦愈。」

慚愧懺悔的阿闍世，胸襟慈悲寬大的頻婆娑羅王，超越二千多年的時空，為我們演繹一首父子之間美麗感人、真情至性的生命樂章。

母親的叮嚀

中國佛教翻譯四大師之一的鳩摩羅什，本為印度人。祖父鳩摩達多名重於天竺，高居宰相職位。父親鳩摩炎聰穎拔卓，朝廷任命他繼承宰相權柄，他卻辭避唯恐不及，乾脆出家當沙門，並且越過蔥嶺，藏身於龜茲國。

龜茲國是西域篤信佛教的國家，龜茲王耳聞鳩摩炎視富貴如浮雲的懿行，出郊外親自迎接，禮請他擔任國師，把年方二十的王妹耆婆，嫁給了眼前這位風度翩翩的美少年。鳩摩炎逃離一場權貴，卻投入另一場榮遇，締結一段不可思議的因緣。

受到丈夫的影響，耆婆開始涉獵佛法，聰悟靈敏，聽聞佛經便能背誦。尤其身懷羅什時，突然通曉天竺語，凡有問難，都能說理暢達，折服對方。有一阿羅漢達摩瞿沙說：「耆婆所懷的必定是智慧之子，好像當初舍利弗在母胎時，其母也善辯說的例證。」生下羅什的耆婆，像一般的母親，完全忘記前言。鳩摩羅什尚在母胎之中，就展現超乎常人的辯才，日後成為佛教一代大師是想當然耳的事情。

耆婆愈鑽研佛法，愈沉浸在法樂之中，於是向丈夫提出出家的請求。本是沙門釋子、重返紅塵的鳩摩炎，卻堅決反對妻子的剃度。耆婆不得已只好絕食以示決心，六日寸粒未進，命如懸絲。鳩摩炎只好成就妻子的心願，並由妻子去完成自己未能圓滿的修道之路。

出家之後的耆婆精進不懈，不久便證得初果須陀洹。羅什七歲的時候，耆婆便度兒子出家。因為羅什是龜茲國的王妹之子，受到全國臣民的愛戴。耆婆擔心兒子利養過厚，染上驕縱惡習，羅什九歲時便帶著他渡過辛頭河，到西域佛教重鎮罽賓國，禮拜國王族弟槃頭達多為師，學習《中阿含》、《長阿含》、雜藏等根本佛學。羅什在罽賓聲名遠播，降伏前來論難的各方外道。國王益加尊重羅什，派遣大僧五人、沙彌十人灑掃服侍，以最上國的供養來禮敬稚齡的羅什。

羅什十二歲時，母親攜往大月氏北山，途中遇到一位阿羅漢，囑咐耆婆要好好守護兒子，若能戒行清淨，未來將大興佛法，度無數眾生。母子二人進入沙勒國一座寺院，頑皮的羅什把巨大的佛缽頂戴在頭上，舉重若輕，忽然一個妄念心生：「這個佛缽形狀巨大如缸，為什麼輕易可舉起？」剎那間，佛缽如千斤壓頂，無法喘息。母親問他何故？回答說：「因為我起了分別心，因此缽乃有輕重的感覺。」兩人遍行西域諸國，到了莎車，羅什禮莎車王子須利耶蘇摩為師，學習《中論》、《百論》、《十二門論》等大乘空義，讚歎道：「我從前學的是小乘佛學，不知大乘佛法的殊勝廣大，錯把石頭當黃金寶礦。」從此，努力於中觀佛教的弘傳。多年後，並且引度他的小乘佛學老師槃頭達多親近大乘佛教，留下「和尚是我大乘師，我是和尚小乘師」，大小乘互為師的千古美談。

二十歲的鳩摩羅什和母親回到龜茲，受了具足戒。一日，耆婆語重心長地對兒子說：「我將到印度去求法，龜茲國即將衰亡，你我母子情緣已盡，未來把佛陀的聖教傳播到中國唯有仰賴你的力量，但是對你自身卻非常不利，你願意去做嗎？」羅什神色平和，語氣堅定地說：「菩薩道首要利益眾生，不顧自己的安危，只要佛法能夠流傳於東土，我縱然身受鼎鑊煎煮的苦難，也沒有絲毫憾恨！」耆婆欣慰地望著莊嚴偉岸的羅什，旋即去到印度，不久證得了阿那含第三果。

公元三八二年，符堅聽說西域有高僧鳩摩羅什，派遣呂光率領七萬大軍攻克龜茲，俘獲羅什回長安，途中百般凌辱羅什。行至涼州時，傳來符堅死訊，呂光自立為王，羅什遂滯留涼州十七年，直至四〇一年，才由姚興迎請入長安西明閣、逍遙園譯經，並且強以女伎十人逼令受之，羅什不得已以「但採淨蓮，莫取臭泥」來自表心地。

天下父母無不企盼子女能成為龍象，生活安逸無憂。耆婆度子出家，鼓勵他成為弘法大將，他對羅什的愛護，既是母親，又是大善知識；不僅超越一般父母對了女色身的照顧，更兼及獨子的慧命成就，甚至要不惜身命毀譽，荷擔起如來的家業，他把兒子送給了眾生。這對母子，真是佛教史上稀有難得的菩薩眷屬。

北堂辭親

禪宗曹洞宗的開創者洞山良价，唐代筠州會稽（今浙江會稽）人，俗姓俞。幼年便展現過人的聰慧，一日跟隨師父讀誦《般若心經》，讀到「無眼耳鼻舌身意」時，忽然以手捫面，問到：「我臉上明明有眼睛、耳朵、鼻子、舌頭，為什麼佛經卻說沒有眼耳鼻舌身意呢？」其師一臉駭異說：「你這孩子天賦異稟，我不堪為你的老師，你未來將為禪門法匠，大揚禪風。」於是把他送至五洩山靈默禪師那兒披剃出家。

洞山二十一歲，至嵩山受完具足戒後，四處行腳參禪，前後禮謁南泉普願、溈山靈祐、雲巖曇晟等名師，參究慧忠國師「無情說法」的話頭，幡然有悟，說有一偈：

也大奇，也大奇，無情說法不思議。
若將耳聽終難會，眼處聞時方可知。

一日，低頭涉水，驀然看到自己倒映在水中的身影，洞然明白苦苦尋覓的「只是這個」的自性，脫口說偈道：

切忌從他覓，迢迢與我疏。
我今獨自往，處處得逢渠。
渠今正是我，我今不是渠。
應須恁麼會，方得契如如。

有了禪悟的慧眼，山河大地、無情草木、粼粼的波光，都是圓滿佛性的流露。

唐懿宗咸通十年三月朔日，洞山剃髮沐身，鳴鐘集眾，宣布即將圓寂，弟子們慟哭不已。本已坐化的良价突然睜開雙眼說：「出家人心不著法，早已勘破生死兩端，生亦何足喜，死亦何嘗悲，此乃真修行者。汝等如此哭哭啼啼，實在愚癡。」於是囑令主事僧備辦齋供，由於僧眾們戀慕不已，連續舉辦了八天才齋畢，在方丈室端坐而寂，世壽六十三。洞山為了警戒弟子們愛執太重，將此齋宴稱之為「愚癡齋」。

做為一代宗師的洞山，年輕時割愛辭親披剃出家，先後寫了〈辭北堂書〉、〈後寄北堂〉二文，向慈母拜別，要母親寬心，休懷離別不捨之情，更莫作倚門倚閭的翹望。文章情真意摯，殷切感人，被喻為禪門的〈陳情表〉。

北堂，語出《詩經．衛風．伯兮》：「焉得諼草，言樹之背。」《毛傳》說：「背，北堂也。」本指母親的居室，後為母親的代稱。歷代有詩為證：宋．王禹偁〈寄金鄉張贊善〉：「年少辭榮自古稀，朝衣不著著斑衣；北堂侍膳侵星起，南畝催耕冒雨歸。」明．陳汝元《金蓮記．偕計》：「孤幃冷簟，難辭白髮於北堂。」唐．李白〈贈歷陽褚司馬〉：「北堂千萬壽，侍奉有光輝。」宋．王安石〈和微之林亭〉：「中園日涉非無趣，保此千鍾慰北堂。」描寫的多是對高堂慈母的孺慕思念之情。

洞山在〈辭北堂書〉中，首先舉《孝經》：「雖日用三牲之養，猶不孝也。」父母哺乳養育之恩，昊天罔極，只做血食供奉，猶如飼養牲畜，不能稱為孝道。何況佛教分孝為三等：甘旨孝敬、承歡膝下為小孝；光耀門楣、祖上增榮為中孝；度親學佛、超出輪迴為大孝。洞山認為欲報深厚親恩，莫過於出家功德，所謂「一子出家，九族昇天」。因此，他希望母親要心開喜捨，意莫攀緣愛著，要效法淨飯國王、摩耶王后夫妻，成就兒子出家學道。在〈後寄北堂書〉，方便權巧引用二十四孝典故：「阿兄勤行孝順，須求水裡之魚；小弟竭力奉承，亦泣霜中之筍。」希望兄弟學習晉代王祥臥冰得魚、三國孟宗哭竹出筍的懿行，修己行孝，以合天心；而自己則要「僧有空門，慕道參禪，而報慈德」，度化父母入佛道，「此身不向今生度，更向何時度此身」？進而化小愛為大悲，「度千生之父母，答萬劫之慈親」，報答累劫多生父母，乃至一切眾生父母。將報答父母恩擴充為報答眾生恩，事實上報答眾生恩便是報答父母恩。

難能可貴的是，洞山禪師的母親是位深明大義的慈母，他寫給兒子的〈孃回書〉，千古的今日讀之，仍然閃耀著感人肺腑的光芒。書中敘述自己如何懷抱喜悅之情，和兒子結下母子夙世恩愛因緣，性命如絲懸生下麟兒，不嫌糞穢臭惡，推乾就溼，辛勤不倦乳哺成人。孩兒暫時出外，逾時不歸，便倚門倚閭焦慮盼望，何況今口竟來書堅要出家，永離家門。「子有抛孃之意，孃無捨子之心」，只能割捨骨肉之愛，成就兒子志向。心中所期盼的是：「不敢望汝如王祥臥冰、丁蘭刻木，但如目連尊者度我，下脫沉淪，上登佛果。如其不然，幽譴有在，切宜體悉！」不求兒子如世俗臥冰、刻木般地孝敬，激勵洞山要如日犍連精進證道，救拔母親出離三途之苦，進而躋登佛果。如果不能如此，將受因果譴報。

誰人沒有父母，父母對子女的呵愛，一直是千古歌誦的偉大詩篇。「哀哀父母，生我劬勞！」愛，不僅僅是擁有對方，也不限於為對方犧牲付出。愛，更大的提升是成就對方，融入其所愛，有共同的生命出口。

最大的功德

《普門品》裡描寫觀世音菩薩三十三應化身，其中有「應以宰官身得度者，即現宰官身而為說法」的記載，唐代的裴休宰相便是典型的代表。裴休，字公美，唐河內（今河南濟源）人，師承黃檗希運禪師，和溈山靈祐同師門，與龐蘊、白居易、陸亙、李翱等人齊名，是禪宗史上有名的大居士。不僅自己學佛虔敬專精，甚至更將兒子送進空門披剃出家。

裴休為洪州刺史時，黃檗混跡在開元寺僧眾之中，充當雜役，人莫測其境界。一日，裴休到寺中參禮，看到佛殿兩壁莊嚴瑰奇的圖畫，問寺主說：「這畫是什麼？」「高僧的真影圖像。」「真影圖像在壁上，高僧又在哪裡？」寺主啞然無對。再追問：「寺中是否有禪僧？」「最近來了一位，也只是做做灑掃雜務。」「可否引見請教？」於是被引見了黃檗，並以剛才的話頭請教禪師，黃檗出其不備呼其名，問道：「在什麼處？」裴休若有省悟。於是常來寺中請益，一日，請來一尊佛像，請禪師命名。黃檗突然叫道：「裴休！」「諾！」「已經為你命好名字了。」意思是說是否了悟自己的佛性才是當務之急，切莫心外求佛，妄逐客塵，執著它佛像是什麼假名。

當時裴休為觀察使，鎮守宛陵，建大禪苑，經常請黃檗禪師到官署說法，自己則恭敬有加，執弟子禮。後來更把禪師的開示法語彙編成《黃檗山斷際禪師傳心法要》、《黃檗斷際禪師宛陵錄》二書，並且特為之寫序。裴休自述和黃檗的法緣道情說：「休與師，於法為昆仲，於義為交友，於恩為善知識，於教為內外護。」二人親如兄弟，義比摯友，黃檗是裴休佛法上的接引良師，而裴休則是僧團的護法長城。會昌法難時，裴休不畏危難，挺身護衛聖教。

除了黃檗之外，裴休和華嚴宗第五祖的圭峰宗密也密切往來，並且為宗密的《禪源諸詮集都序》、《圓覺經略疏》、《注華嚴經法界觀門》等書撰序。另外，更實踐大施捨，興辦義學，捐建密印寺，禮請溈山靈祐為住持，最後甚至把兒子奉獻到密印寺出家。

裴休的兒子裴文德年少便進士及第，並且被敕封為翰林學士。當時因為皇子染上重病，藥石罔效，有高僧指點可藉由出家功德，脫胎換骨，以重得生命。裴休忍忖，送子入空門，以代皇子，既可解君王憂愁，又可磨鍊子弟心性，令趨佛道。於是欣然將兒子送往密印寺出家，法名「法海」，特別寫了〈警策箴〉來激勵兒子精進修持：

> 汝及出家須立志，求師學道莫容易。燒香換水要殷勤，佛殿僧堂勤掃拭。
> 莫閒遊，莫嬉戲，出入分明說去處。三朝五日不歸家，妙法何曾聞一句。
> 敬師兄，訓師弟，莫在空門爭閒氣。上恭下敬要謙和，莫輕他人自逞勢。
> 衣食難，非容易，何必千般求細膩。清齋薄粥但尋常，粗布麻衣隨分際。
> 榮華止在紫羅袍，有道何須黃金貴。解三空，明四智，要超初果至十地。
> 禮觀音，持勢至，別人睡時你休睡。三更宿盡五更初，好向釋迦金殿內。
> 點明燈，換淨水，禮拜如來求智慧。報答爹娘養育恩，天龍八部生歡喜。

殷殷叮囑兒子不要貪戀世間浮名富貴，要淡泊隨緣安住於佛門，勤奮作務，謙恭柔和，切莫遊蕩嬉戲，精進修行，證得菩薩十地果位，以報答父母恩澤，箴文顯現出一位父親對子女的殷切期盼。

除此之外，裴休另有二首偈語，表達割捨骨肉情愛、送子出家的複雜心情：

含悲送子入空門，朝夕應當種善根。

身眼莫隨財色轉，道心須向歲寒存。

看經念佛依師教，苦志明心報四恩。

他日忽然成大器，人間天上獨稱尊。

吾家有子初長成，本來冀望能夠克紹衣裘，繼承父業，為了成就兒子的慧命，強抑老犢護子的濃蜜愛眷，悲欣交集送子出家，期望兒子有朝一日能成為人天師範。

剛出了家的裴文德，每日挑水砍柴，做著粗重的苦行工作，不禁牢騷滿腹對寺僧們說：「翰林挑水汗淋腰，和尚吃了怎能消？」意思是說讓我這個翰林學士每天大汗淋漓挑水供養寺僧大眾，你們怎能消受得起？住持溈山靈祐聽了淡然一笑說：「老僧一炷香，能消萬劫糧。」參禪悟道，與法身妙諦相契應，功德比須彌山還要偉大，何況區區一擔清水！

裴休知道兒子的頑冥習性尚未調伏，又寫了一首偈語勸誡他：

江南江北鷓鴣啼，送子忙忙出虎溪。
行到水窮山盡處，自然得個轉身時。

勉勵兒子要效法廬山慧遠大師，固守緇門崇行，三十年不出虎溪卻度眾無數。修行道上要不畏千錘百鍊，縱然行到山窮水盡的絕境時，只要堅忍不退轉，便能峰迴路轉，坐看雲飛霞舞。裴休對兒子而言，既是慈藹的父親，更是菩提道上的增上助緣、大善知識。

033 最大的功德

爐灶前那一團火光

一個人性格的塑造、習慣的養成，和原生家庭的薰習關係至為密切，因此乃有三歲定終身之說。我很慶幸出生為父母的子女，他們給了我健康的身體基因，正確淡泊的人生觀、價值觀、善良正派的心性，以及快樂豁達的性格。父親常常說：「留給後代子孫最好的財富，就是留德不留金。」他曾經數度很欣慰地對我們說：「我的子女雖然不是名聲顯赫的大官、日進斗金的大富豪，但是都很正派，沒有為非作歹，沒有一個是壞人。」我們從父母那裡繼承了最珍貴的遺產——道德倫理。

母親閨名林菊，生於民國二年，是家中的獨生女。外祖父是清末的舉人，對於掌上明珠的教育甚為注重，據母親自己描述：家中請來私塾老師為她授課，大家閨秀的小姐卻躲在花園中的蓮霧樹上，逃學不上課。頗似《牡丹亭》劇曲中杜麗娘主婢戲耍私塾老師的橋段。雖然如此，耳濡目染之下，仍有不錯的素養。記得小時候她數落唸叨我們的時候，說的是俚言俗語，有時還帶有典故、押韻，她甚至能用七字調韻文把〈周成過台灣〉的民間悲悽愛情故事，一字不漏全篇唱出，記憶驚人，並且，一人分飾幾個角色。等到她晚年生病失憶時，大姊餵她吃飯，二姊繼承衣缽，仿效她唱出全本的〈周成〉，她開心得像個小孩子，兩隻手反掌，手背拍打手背開懷鼓掌，留下彩衣娛親的歡樂畫面！

外祖父家道殷實，雖然不是紈袴子弟般吃喝玩樂，但是誠如《孟子．告子》中說：「富歲子弟，多賴。」因為不善經營，沒有幾年的工夫，就把祖先三代的家產揮霍殆盡，母親從養尊處優的千金小姐，成為墜落塵土的鳳凰，十九歲的妙齡年紀，帶著名門出身的祖母嫁給了同樣家道中落的父親。兩個獨生子女，兩個本應錦衣玉食優游過一生的落難人，因為家庭的鉅變，不可思議的宿世因緣碰撞成為一家人。

母親年輕時因為家中有童僕可以差遣，加上有祖母扶助，因此無需操作家務；兒女成長之後，有姊姊、嫂嫂們執掌中饋之事，因此對於廚房烹飪等家事，完全一竅不通。有一次二哥從森林開發處下班回來，只剩她一個人在家。午餐時間只見母親在廚房忙得如熱鍋螞蟻，竟然鍋中還沒放油，就把韭菜倒下去炒，熊熊火焰中，一根一根的韭菜都跳躍起來，我趕忙去搶救，結果每根韭菜都燒焦了半面。

母親雖然不擅長於典座烹煮，但是她有自己的絕活。她十指纖纖很會洗滌衣服，衣服經她素手洗條、整理、摺疊後，就好像被熨斗壓平過，有稜有角，如同新買的一樣。母親愛整齊、清潔，常常教育我們東西從哪裡拿的，就要隨手物歸原位。小時候家中再如何拮据，春節過年她總會想辦法為我們兄弟姊妹們備置新裝。除夕吃過年夜飯，入睡前，她會把每個孩子的新衣鞋襪放置在枕頭邊，每個人只要依照她疊放的次序，就可以從內衣褲到外衣、鞋襪，穿戴一身新春的喜悅，這就是母親的細膩心思。

母親長得瓜子臉，單眼皮，穿上旗袍，有古典仕女的韻味。講話輕聲細語，從來不會大聲與人爭吵，也不會到隔壁鄰居家串門子說短道長。母親是傳統的婦女，以丈夫為天。有一次，父親的九份金瓜石好友們到宜蘭來看父親，父親招待他們到當時的「茶室」去吃飯，忘記帶錢。事後請母親去付錢，「茶室」的嬌美女侍們紛紛否認父親曾經來消費用餐。母親疑惑問父親，父親說：「她們怕妳誤會，所以不敢收錢。」後來五姊要結婚的時候，父親曾語重心長的教誡將要出嫁的女兒說：「妳們要學習妳母親的度量，丈夫創業在外，難免會有異性往來，夫妻彼此要信任。」這是父親對母親的讚歎，也是曾經的世代，夫妻之間的相處之道，建立在彼此絕對的尊重與信任。

母親嫁給父親，從十九歲至四十三歲，二十四年間共生育了十一個孩子，五男六女，每個孩子都是母親親自哺乳，每個人平均都吃母奶三年，五姊和五弟甚至還吃到五歲，沒有人被強迫斷奶，都是孩子自行停止，可見母親的身體多麼康健！《論語．陽貨》：「子生三年，然後免於父母之懷。」母親用生命孕育我們，每個孩子都是她的至寶，母愛如昊天罔極，難以報答！所以當她在知天命之齡，連續三年之間痛失兩個兒子，那種錐心之痛，終於擊垮了她原本健康的色身，六十五歲撒手人間。

記憶中我們家食用的醬油都是母親釀製的，因為有一次母親去參觀醬油製造工廠，看到一隻死老鼠在醬缸中載浮載沉，從此母親決定自家釀造醬油。每年酷熱的七月天，母親買來黑豆，炒熟、曝曬、發酵、浸泡於水缸之中，每日攪拌，黑豆溶於水中，再耐心慢火煮成琥珀色的醬油，香氣四溢，瀰漫左鄰右舍。這個烹煮過程要一日一夜的不眠不休，熊熊灶火映襯母親紅潤的臉龐，那是關愛全家人的慈祥朱顏。父親則負責做豆腐乳，豆腐先切成一塊一塊的方形，晒乾之後，一層一層的鋪疊，加上特製的醬料，緊緊封住瓶罐開口，等到豆腐方塊變軟成為豆腐乳，便可食用。我們每年享受父母親手釀製的有機醬油、豆腐乳、脆瓜、蔭瓜，健壯地成長，直至母親思子成疾、病逝。

母親除了會釀造醬油之外，端午節還會教我們綁粽子，冬至搓湯圓，新春的甜年糕、發糕、蘿蔔糕等傳統應景的糕點都難不倒她。每年的春節過年，初一到初五，孩子們可以拿著有限的壓歲錢豪華地奢侈一下，買愛買的，吃愛吃的，玩累了，錢花完了，回到家裡，磚砌的爐灶上的蒸籠裡，永遠有熱騰騰的年菜飯食可以裹腹，母親則守在大灶前添著柴薪，給孩子們溫飽。爐灶的那一團火光，照在母親的身上，成為我們無法磨滅的溫馨記憶！

母親生性節儉，傳統婦女沒有經濟生產能力，但是她善於持家，節流也能為家中積攢一些錢財。父親常常笑說她如小貓拔一根毛，痛得喵喵大叫，但是把全身毛都拔光時，反而悶不作聲。家裡從矮小的老屋，搬至寬敞的大房子時，母親拿出她多年的儲蓄，全數奉獻。

我考上省立蘭陽女中初中部，街坊鄰居都來道賀，父親憂心忡忡地說：「不知道學費在哪裡？」一向修養很好的母親罕見地狠狠瞪了父親一眼，嚴厲地斥責父親：「在孩子的同學面前，要顧及她的面子。」學校規定最後的註冊日，到當天下午四點半截止，如果不去註冊，形同放棄。我雖然焦急萬分，眼看時間一分一秒的過去，當時家中實在經濟困難，不敢向父母提及註冊讀書的事。三點多的時候，我看見母親拿著摺得四四方方的布包，出門直奔當鋪，她把她攢存多年的金戒指、碎金塊拿去當了，給了我三百多元。我在最後一分鐘前飛奔到蘭陽女中，成為當年全校最後註冊的學生，爾後我高中保送蘭女，順利考上大學，後來星雲大師送我去日本東京大學就讀碩士，自己又去讀了博士。如果沒有母親的注重教育，典當金子讓我讀書，我可能進工廠去做了流水線上的女工。母親果斷大捨的三百多元，改變了我的一生。

後來我念大學期間，每逢假日回宜蘭返校前，母親總會把對折又對折、包了一層又一層的私房錢偷偷塞給我，咐囑我千萬不要搭公車，最好坐計程車直接回到校園，以免遭宵小覬覦失竊，一副護犢心切的神情。

一九七七年，我御命辦「佛光山大專佛學夏令營」，接到母親病危的消息。趕回宜蘭老家，只見她痛苦躺臥在床上翻來覆去，好像經典所描述，臨命終時如龜脫殼。我盤坐在她身邊，不疾不徐，聲量適中地為她誦念上中下三卷的《地藏經》。二十四小時為她助念、誦經甫畢，母親就安詳往生。因為她是家人中第一位遵照佛教臨終喪葬儀式的長輩，當時還沒有流通佛號助念機，只能由二姊、五姊、我三人，八小時輪流原聲誦念《阿彌陀經》、彌陀聖號，為母親祝禱。她臨命終時的那一剎那，父兄忙著鋪木床、掛白布幔，五姊趕去雷音寺請法師，二位嫂嫂架著大姊遠離現場，免得大姊情不自禁號啕大哭，讓母親牽掛。一群幼小的孫子們跪在靈前，眼淚像斷線的珍珠般落下。借佛力加持，我鎮定地敲著木魚，帶著小孫子們稱念佛號，把即將哭喊蹦出的「阿嬷」轉成「阿彌陀佛」，母親就在童男、童女們稚嫩、純淨的念佛童音聲中，帶著微笑往生。大姊說她幫母親穿戴衣服時，母親全身柔軟，大姊還聞到檀香味道，想是母親一生善良，與人無爭，恪盡母職，自然感得吧！

仁醫俠客　傳奇一生

父親的一生充滿了傳奇，儼然是《史記》中的遊俠。

父親名諱張來福，生於民國前十年，跨過清末、日據時代、國民統治。小時候聽父親斷斷續續地描述：張家原本的大祖厝被祖父的二弟、三弟勾結外人偷賣了，祖父一氣之下，和對方打官司，從清朝訴訟到民國，結果敗訴，祖產被霸佔，祖母氣急攻心，在父親十歲的時候就往生了。父親從本來可以優渥生活的張家獨苗，落難人間，小小年紀就分擔起困難的生計，父子形影相吊，相依為命。

《論語．子罕》中，孔子自述：「吾少也賤，故多能鄙事。」表示夫子年少的時候，家境清寒，學會了很多的大小雜事，並且勝任無虞。父親說他各種工作都嘗試過，只有偷竊這一行沒有做過。雖然如此努力，父子二人也僅止於溫飽。祖父的家教非常嚴厲，少年的父親在外面被人欺負了，回家來仍然要挨祖父痛打，老人家的認知，如果你不惹事挑釁人家，對方怎麼會毆打你？教子要嚴，絕不縱容。因此父親說他一生不輕易打孩子，因為他年少時已經飽嘗被打的痛楚，不願他的孩子再度輪迴他的痛苦經驗。

祖父一生抑鬱，因為祖產討不回來，在父親娶妻生子，大哥剛滿月的襁褓期中，抱憾而終。家道中落的獨生子父親，娶了家業散盡的獨生女母親，煢煢孤獨的兩人，卻生養了我們十一個兄弟姊妹。父親說：「一枝草，一滴露。每個孩子投胎成為你的子女，自己會帶糧食來人間。」他珍惜每個生命。在我們的成長過程中，沒有稱呼過爺爺、奶奶、伯伯、叔叔、姑姑、舅姨，更沒有堂表兄弟姊妹。父親說：「朋友就是我們的親人。」因此他一生廣交朋友，甚至每個孩子的朋友就是全家的朋友，朋友有困難時要全力以赴去幫忙。他把儒家第五倫的「朋友」德目，實踐貫徹到底。

年輕時的父親急公好義，喜歡打抱不平。有一次他挑擔在宜蘭火車站前做生意，隨口關心一個賣豆花的中年婦女生意好不好？迎面來了一個身穿日本和服，腳踏日本木屐的台灣人壯漢。只見婦女皺起了眉頭，喃喃嘀咕道：「今天生意又碰到煞神了。」原來這個高大粗壯的人已經吃了幾天的霸王餐，對婦人威脅說：「打得過我再來拿錢，打不過我，妳就認栽。」父親好言相勸：「出門在外總有不方便之處，這位婦道人家做生意也不容易，你手頭若可以，多少付一些錢給她。」只見那人一言不發，蹲下身去揀起一塊石磚，尖尖的磚頭朝著父親的要害襲來。父親眼明手快擋開他的淩厲攻勢，本來握拳朝他的心臟打去，一念慈悲往下幾吋轉而打擊腹部。只見那人痛得在地上翻滾，豆大的汗珠涔涔流下。這個時期的父親尚未習武，他天生就具備武術的稟賦。

當時日據時代，地方常有幫派互相格鬥鬧事，甚至火拼。有一個號稱「十八羅漢」的幫派，顧名思義由十八個角頭老大結盟而成，個個身材魁梧，鬥狠好勇，欺負良善百姓，儼然是宜蘭鄉里的一群惡霸。他們聽說父親喜歡打抱不平、多管閒事，有一天，其中一人趁父親和朋友聚會，從背後偷襲父親，一腳踢中他的腰部要穴。父親強忍劇痛，三個月不做生意，製作了一根一尺長的鐵棒，揣藏在袖內，到處尋找此人，終於還以顏色。為了擔心「十八羅漢」會集體來尋仇，父親開始考慮要去學習拳術武學，以防護自身安全。

一天傍晚，他做完生意收攤回家，途中見到七個人在圍攻一個中年人，激起父親的俠義之氣，跳下去助一臂之力，打跑了一群地方混混。受困的落難者，是在基隆開武館的先生，他詢問父親是否學過武術，手腳如此俐落，架勢十足。他的武館經常禮聘大陸的武林高手來傳授武功，他邀請父親去他的武館習武，並且擔當武館的工作。父親於是展開七年的習武艱辛訓練，他學習的是馬步非常低矮的猴拳，靈敏迅疾。他每天對著一鍋粒粒分明的乾綠豆鍛鍊手掌，大鍋下是熊熊的烈火，就像武俠小說中所描述的冶煉「鐵砂掌」。父親說：鍛鍊這種功夫，需要童子身，並且要謹慎服藥，有人因為鍛鍊不當，雙眼瞎掉。他只差一哩路，就能練就點穴的絕學，但是最後，違逆師命堅辭不練，因為擔心未來如果抱著自己的幼子時，不小心點了孩兒的穴道。雖然如此，父親的一雙手就像X光一樣，可以輕易地摸索出人體骨骼及穴道部位。他後來在醫療一些病患乃至嬰兒，都能運用這雙輕柔神奇的雙手，沒有痛感地治好患者。

日本統治時期，地方屢傳械鬥事件，有人去向日本警察密告，說是父親影響力大，興風作浪鼓動幫派騷亂，日本警察於是通緝捉捕父親，他不得已只好到九份金瓜石避難。這時父親已經娶了母親，並且生下幾個子女，失去男主人的家，斷了經濟支柱。沒有生產能力的母親帶著嗷嗷待哺的孩子，苦苦撐過艱難的日子，對於父親因為行俠仗義帶給家中的困頓毫無怨言。父親就在九份金瓜石隱姓埋名無償地為友人淘金，以報答朋友在落難期間的伸手援助。終其一生，他教育我們對別人的恩情要湧泉以報。後來不管金瓜石的伯伯叔叔們任何時候來宜蘭拜訪父親，他都要我們把房間讓出來給他們掛單，每餐都是父親親自烹飪的上堂齋。有時一住好幾天，把我們一個月的菜錢都吃光了，而每個孩子都要面帶笑容，舉案齊眉熱情端上山珍海味供養客人。

在金瓜石落難期間，有一天父親正在淘金，有一位朋友十萬火急地跑來向父親求救，原來九份當地的金礦礦工們產生嚴重的爭執，兩邊的人隔著一條溪，兩岸擺開陣勢準備搏鬥，武士刀、刺刀等各種刀械都出籠了，眼看一場腥風血雨的慘劇即將發生。父親奔跑於兩岸，極力斡旋調停，勸導雙方放下一時的瞋恚，以免釀成諸多家庭的支離破碎。大家在父親的勸說下，終於化干戈為玉帛，握手言歡。經過這件事情，父親在九份的友人心目中，就像救苦救難的觀世音，愛烏及屋，連我們做子女的去九份，都受到迎請「媽祖」般似的熱情招待。父親往生的時候，九份的伯伯叔叔們趕來參加告別式，這一群父親十九歲就生死相交的摯友，堅持要送到山頭下葬處。我們子孫在宜蘭新店橋頭再三跪謝時，一群人放聲號啕大哭，驚天地，泣鬼神，父親就是如此令人懷念！行筆至此，不禁令人泫然淚下，不能自已。

父親身上有他獨特的人格特質，這些特質強勢地影響他的子子孫孫，內化成為家族成員的鮮明印記。他一身俠氣，威武不能屈，不畏強權，他教會我們敢向威權說不，不能委屈正義。他淡泊樂施，我們問他既然行醫，為什麼醫藥費收得如此少，讓全家人過得苦哈哈，捉襟見肘。父親說：「藥是拿來救人的，不是賺錢的。」他解釋道，對有錢人來說，昂貴的醫藥費只是九牛一毛，但是對於窮困的人就是沉重的負擔。如果收費很高就救不了貧寒的人，違背了醫者的仁心仁術。這段振聾發聵的話，成為我們的家訓。

有一位住在南方澳鄉下的張姓同宗，跌斷了大腿骨，他每次要轉幾班車，再走幾段路，才能到宜蘭找父親醫治。幾經顛簸對他的腿傷復原很不利，父親邀他住在我們家樓下的大廣單，我們幾個兄弟姊妹每天要輪流送三餐給這位病患食用。父親特別告誡我們：不能因為我們幫助別人，就趾高氣揚給人家臉色看，要畢恭畢敬心懷誠意，讓他沒有一絲「嗟來食」的不悅感覺。

我們就這樣每天舉案齊眉端送飯食長達三個月。這位張姓「堂兄」因為務農，經濟不是很寬裕，知道父親的胃有特殊病狀，必須以花生為主食。有一天他扛了一布袋自家種植的土花生，舟車輾轉到宜蘭送給父親，做為醫藥費用。父親開心地說：這袋花生比二十萬更有價值，因為它是人與人之間濃郁的真心誠意。父親給我們上了一堂課，世間有比有形有量的錢財更珍貴的東西，能給的人才是幸福的富貴人家。

父親一生救人無數，他經常帶著年長的兄姊入深山林邊採擷中藥，家中二樓陽台種滿了各種藥草，彷彿就是一座藥園。他救了不少癲癇症、盲腸炎的病患。有一次，一輛載滿漁獲的大卡車，從南方澳開往蘇澳途中，大車禍掉下蜿蜒的斷崖。車上其中的八個人傷勢特別的嚴重，傷筋動骨恐有生命的危險。父親衣不解帶不眠不休照顧八個人三天三夜，脫離險境之後，才交給醫護人員去處理。父親精湛的醫術不脛而走，於是門庭若市許多人來求診。有時他為了保住患者免被截肢，甚至和心急亂投醫的家屬產生激烈的衝突，醫病之間爭吵起來，父親不免感嘆醫者難為。雖然如此，還是不改他古道熱腸，俠義助人的本色。

宜蘭的冬天既溼且冷，兩季長達五個月，「竹風蘭雨」成為台灣氣候的諺語。臘月新年宜蘭人會做許多醃燻的臘肉、臘香腸、鴨賞等應景年貨。有一年特別酷寒的年關，家家戶戶正忙著過年，不巧宜蘭的傳統市場發生嚴重的祝融之災，火勢猛烈燒燬了一片相連數十家的木造攤位，濃厚的黑煙覆蓋宜蘭的整片天空，好像原子彈爆炸的蕈狀雲。我們一家人爬上二樓陽台，遠遠眺望這驚心動魄的景象，驀然發現父親不在家。約莫半小時之後，父親回來了，穿著短衣短褲，渾身溼淋淋，冷得直打顫，身上沾滿火燒過的漆黑灰燼，好像從泥淖中撈出來。只剩下炯炯的眼神依稀可辨。洗滌一番之後，我們子女好像法官般審問父親，怎麼看火災弄成這般糟糕的光景？父親語氣平淡地說：「人有手會開門逃離現場，豬沒有手不會開門，只能活活被燒死在豬圈裡。」

原來父親經常出入市場，知道豬仔被豢養在哪裡。只見在烏黑的煙霧及紅豔的火舌交織中，在消防員的驚呼聲裡，父親從一個屋簷身手矯健地跳躍過另一個屋簷，水槍噴出強勁的水龍，打在父親的身上，終於成功救出一群差點被烤成臘肉的豬豚。我後來學佛，讀到「無緣大慈，同體大悲」的教理，非常的震撼。父親雖然沒有涉獵佛教的經論，但是他是用生命在實踐佛陀慈悲的本懷精神，他認為動物和我們是同體共生的有情，應該平等對待每個生命。

父親對於子孫的平等慈愛，不管男女，不分內外，一視同仁。他雖然深諳中醫，主張孩子轉成大人的青春期，藥補不如食補。家中經濟尚稱小康，他總是買最新鮮、質地最好的水果、菜餚給我們食用。他因為有陳年的胃疾，只能少量多餐，並且以花生湯為主食。兒孫兵團只要有一人打探到他在攤販市集上用餐，就會互相通風報信，成群結隊跑去大快朵頤。父親不會限制孩兒們的點餐，甜鹹冷熱吃到飽為止。

有些手推車的小販，推到我們家門口就停止下來，面朝我們家門內使勁叫賣，只要有一人出來開始食用，小販一鍋的東西就賣了一半，最後都是父親付錢買單。這些趣事成為張家子孫輩們童年的一道美麗彩虹，至今依然津津樂道的快樂往事。

我們和父親有很深厚的情緣，他常笑說：知道的人，了解我們是親子關係；不知道的人，以為我們是朋友。他開明通達，教育我們要明理，懂得感恩，平等心對待別人，有家庭責任，他樂於布施，明明家裡已經揭不開鍋了，還把全家最後的稻糧捐給別人。他的理論：別人會來向我們借貸一定比我們困難。欠別人的錢要趕快還清，別人欠我們的錢，不要急著催討，不還你錢表示對方目前沒有能力還債。小時候我們常對父親說：「我們以出生成為您的孩子為光榮，未來您也會因為有我們這些孩子為光榮。」我對父親說：下輩子還要再當您的孩子。父親哂然一笑說：「萬一我當了乞丐呢？」我竟然說也要當他的乞丐孩子。我當時太小，這些事是五姊轉訴給我的對話，可見父親的身教對我們人格塑造的深刻影響。

父親擅吹簫，會唱北管劇曲，曾經出演過《隋唐演義》中的胡國公秦瓊角色。他喜歡看京劇，當時台視、中視、華視三台在星期六、日播出京劇的時候，父親和我兩人一定會坐在電視機前面觀賞，我們有共同的愛好，引為知音。我會詳細地介紹劇情給他聽，有時他也會拍板拊掌吟唱起來。父親喜愛電影，有一次我和高中同學臨時起意去觀賞《阿拉伯勞倫斯》，由於片子長達三小時，回到家時已經凌晨一點多，只見門戶洞開，而全家人都已安睡，當時台灣的治安真已達到「夜不閉戶」的大同世界。第二天一早，父親坐在我的床沿，問我昨夜遲歸是不是去看電影了？我大力推薦他也看最後一場。翌日我們就熱烈討論電影的內容，分享彼此的心得，展開一場小小的電影讀書會。父親的開明，他信任自己的子女，行於所當行，不會逾矩非為。

父親喜歡旅行，我大學畢業典禮時，家族來了父親、姊姊、姪甥們，一共七位大人、八個小孩，在校園成為一道醒目的風景。我帶著家人一路「畢業旅行」，彰化八卦山大佛、溪頭、日月潭、佛光山都留下祖孫三代的歡樂笑聲。父親喜歡看海的日子，我特地帶他去野柳看女王頭，到基隆看船艦。我在佛光山，他特地南下來看我，我帶他去墾丁鵝鑾鼻看蔚藍的海天一色。回宜蘭時，師父建議給老人家坐飛機到台北，當天恰逢農曆十五，他靠窗看著一輪皓月，興奮得像個小孩，回到老家雀躍地對孫子們說：「阿公手一伸出去，就托住那個圓圓的月亮。」原來父親也懂得文學的誇飾修辭。我最引以為憾的是，我在日本留學期間，沒有因緣帶他出國去看看世界，以父親好奇、活躍、開朗的性格，一定會有別具風趣的旅遊經驗。

父親對我們的教育開明、信任，給我們充分的獨立自主性。我大學畢業在彰化商職教了一年書，累積一點社會經驗，然後就獨斷辭去教職，上了佛光山出家了。當時大學生出家的風氣未開，家人聽說我出家的消息，彷彿炸開了鍋般沸騰激動。當我拎著大蛋糕準備回宜蘭為母親慶生時，踏進家門看到的是已經錄好遺囑，因為我的出家而病得氣息奄奄的父親。在我的輕聲呼喚中，他悠悠醒來，「你這個孩子……」哽咽聲裡，滂沱的淚水如決堤的洪流，自始至終沒有責備，只有不捨的舐犢親情。後來在我和信仰老莊思想的兄長，一連串激烈的反對抗爭中，初癒的父親默默倚在我的臥房門口，不發一語，用迷濛的淚眼癡癡地看著我，最後拍板決定成全我出家的願望。他說我是個成年人，受過高等教育，當過老師，滿心歡喜出家學佛，今後要為自己的選擇負責，完美走好成佛之道。他認為父母對子女的愛，不僅僅是佔有執取，而是放飛成就對方。

在父親的無言默許下，我如願地踏上真理之旅，所有來自於出家的考驗和障礙，都成為我日後幫助後學度過同樣關隘的增上緣，對於這一切的逆境和成就我逆緣的家人，我滿心感激，那讓我對「朝聞道，夕死可矣」的自我信心，有深一層的體認。

佛光山派我去日本攻讀佛學，趕碩士論文的那年寒假，我對父親說今年七月暑假不回台灣了，我要趕論文。我帶回陀羅尼經被和助念機，和他談生死大事，他很豁達說能夠如母親一般的佛教儀式就太好了。接著他語重心長地說了一段話：「你離家去讀大學，又去彰化做了老師，然後上佛光山出家，現在又跑到日本去讀書，愈走愈遠，我不等你了。」我當時如被魔王波旬蒙蔽心智一般，不知道這是父親對我最後的遺言。他目送大哥載我離開，瘦弱的身軀愈來愈微小，那是父親留給我的最後一面，永遠烙印在我的心田。

有一天，我正在東京大學圖書館如火如荼地趕碩士論文，突然接到父親病逝的噩耗。乍接突如其來的消息，一陣錯愕，父親什麼時候生病的？明年我們還要為他做八十大壽，我完全不知道他生病的訊息。雙十國慶，我從中正機場直奔宜蘭老家，抵家已是子夜，全家人都在等我歸來，父親靈前的一對白燭燒得通明，映著他相片中憂鬱的眼神一片迷離。領導大家誦過經後，我把大家都趕去休息，今夜由我守靈。在悠悠揚揚的彌陀梵音聲中，父親靜靜躺在早已封好的棺槨裡面，等不及見我最後一面，甚至連最後的助念也不勞煩我。

半夜三點，念小學一年級的姪女醒來，脫口對我說：「師父！阿公最疼你了，他皮夾裡都放你的相片，每天拿著相片看你。」我趕快打斷她的話，一向平等心的父親絕不會偏愛某一個人。這時睡在地面草席上的家人，陸續地醒來，七嘴八舌對我訴說父親去世前的點點滴滴。原來他半年前早已發病，為了怕影響我寫論文分心，他警告每一個人，不可以將他生病的消息電傳我知，甚至彌留之際還堅持不讓姊姊發信予我。他心裡想我，錯把正在服兵役，剃個阿兵哥頭的姪子看成我，可是他口裡強忍不說。病中，他蓋著我為他準備的陀羅尼經被，隨時等待彌陀來迎，不憂不懼！他對於我的出家雖然萬般難捨，但是卻收藏起自己的情緒，不左右我的決定。他明知今日一別，親子緣絕一旦，生命輪轉無常，何生何世再有因緣續結骨肉之情？可是他真愛如此、明理如此，以永世隔絕的生死大事，教育我肯定自己所選擇的慧命，常住重於俗家，菩提重於俗情。父親生我、養我，更可謂善知我者！他要我今後海闊天空，任運逍遙，不再以他為念，毫無退縮餘地，只有以教為命，奮勇邁進！有人說：愛不是佔有，是犧牲，是奉獻。父親為我上了一課：愛，應該是成就對方，愛其所愛，無怨無悔！

綜觀父親的一生，他俠義不懼強權，他平等心對待親朋好友。他慈悲救護有緣無緣，甚至到病情非常嚴重，他都要拚最後的力氣把最後的女病患醫好。他感恩知報，師父送給他一碗花生漿，他至臨終還念念不忘。他樂善好施，自己有困難也要去周濟需要的人。他淡泊豁達、明理開通，生死對他已經無所罣礙，雖然預知時至，但是為了給子女安心，強忍打針的疼痛，甚至自己訂好棺木，從容面對大限之期。

父親走了四十多年，子女依然止不住對他的深深思念。他究竟到哪裡去了呢？有一年他上佛光山小住，獨自跑去參觀淨土洞窟，當時後段極樂世界的造景尚未完成，只見一堆土墩擋住了出口。師父知道了戲笑說：「既然已經進去極樂世界了，就不用出來了。」聽五姊描述，父親病中有一次夢見一個地方，一排一排整齊高聳的樹木，一行一行雕砌美觀的欄杆，鳥鳴啾啾，唱著美妙的歌聲。這不就是《阿彌陀經》中：「七重欄楯」、「七重行樹」、「是諸眾鳥，晝夜六時，出和雅音」的極樂淨土寫照嗎？父親沒有讀過《阿彌陀經》，阿賴耶識裡沒有這些經文的識種，我們相信他以自己救人無數的功德善行，必然往生極樂。他日乘願再來，再與我們續結法緣。

輯二

慧命薪傳

傳燈十方

魏晉南北朝時，是個政治南北對峙的時代，而佛教東傳中國已有三、四百年的歷史，是佛教從醞釀期走向隋唐成熟期的重要過渡。面對完全不同思想的印度佛教，六朝人站在中國文化的立場來加以理解，形成所謂的格義佛教。另外，對於印度的中觀佛學，則以當時盛行的三玄（《老》、《莊》、《易經》）來詮釋之，史上稱之為般若學，計有六家七宗，其中以本無宗、即色宗、心無宗為主要派別，東晉道安就是本無宗的代表大師。玄學化的般若學等到鳩摩羅什和僧肇師徒的出現，才力弘中觀佛教，才回歸本來的般若空義。

道安大師，俗姓衛，常山扶柳（今河北正定）人。自幼父母雙亡，生逢亂世，由外姓兄長撫養長大。七歲開始讀儒家典籍，十二歲出家，由於長相黝黑醜陋，不受師父重視，驅使他耕役田舍，如是三年勤奮不懈，毫無慍色。一日晨耕，向師父借來五千言的《辯意經》，日暮而還，便能闇誦。次日更向師父索求其他佛典，師父不以為意：「昨日經書尚未熟讀，何以好高鶩遠後求其他經書？」於是給與一萬言的《成具光明經》，傍晚歸還如書背出，不差一字，師父驚訝不已，方知是法門龍象，不能困於淺灘。等到道安二十歲受完具足戒後，便讓他隨意外出參學。

道安遊學十方，在鄴（河南安陽）遇見佛圖澄，佛圖澄讚賞他天賦異稟，而大眾卻因為道安其貌不揚而輕蔑他，佛圖澄說：「此人遠識超拔，不是爾等所能匹敵。」佛圖澄講經說法，道安復講無差，並且一一解答眾人疑難，游刃自如，大家讚歎說：「漆道人，驚四鄰。」留下醜僧俊道的美談。

老師佛圖澄圓寂後，道安為避後趙國的戰亂，來到濩澤（山西陽城），後又至太行恆山（河北阜平），逃難中說法不輟，注解佛經，進而造寺建塔，積極度眾，其信徒幾達河北人口之半，故有「中分河北」之說。因為身歷世亂，他在河北移居九次，極盡顛沛流離。後來駐錫受都寺（河南鄴），組織僧團，又因為躲避前燕的攻打，而投奔到襄陽。前往襄陽途中，到了新野時，道安感受到：「今遭凶年，不依國主，則法事難立；又教化之體，宜令廣布。」佛教在凶年亂世中能夠發展，需要君王護持以及大眾的群力弘傳。為了避免「覆巢之下無完卵」的憂患，於是第一次將弟子們分燈傳法，囑咐竺法汰到揚州，法和到四川，把佛法慧命延續於十方，自己則率領慧遠等弟子直奔襄陽。

慧遠，俗姓賈，雁門樓煩（山西代縣）人，生於官宦之家。十三歲隨舅舅令狐氏至許昌、洛陽遊學，博覽儒家六經，尤其精通老莊之學。東晉永和十年，中原戰亂頻仍，二十一歲的慧遠聽說道安大師在太行恆山建寺傳教，帶著弟弟慧持來歸投道安門下，追隨道安長達二十五年之久。慧遠卓然不群，以弘揚大法為己任，深得道安讚賞，認為未來使佛法流傳於中國，唯有仰賴慧遠。

道安大師在襄陽居住十五年，一面講說《放光般若經》，一面整理、注釋經典，編纂《綜理眾經目錄》，對歷代翻譯佛經進行有系統地整理編目，同時制定布薩、差使、懺悔等儀制僧規，功德崇高，聲名遠播，引起北朝前秦君王符堅的注意。東晉太元三年（三七八年），符堅派遣大將符丕攻克襄陽，不惜以武力延請道安大師到長安，以為國師。符堅甚至說：「朕以十萬之師取襄陽，唯得一人半。」一人指道安，半人則為名士習鑿齒。道安大師受到大眾的敬重可見一斑。

當大軍壓境，危難之際，道安決定第二次分散弟子們至各地弘化，殷殷囑咐每一位堪負重任的弟子，唯獨對慧遠不發一語。慧遠長跪涕泣道：「老師您對每一位弟子都指示明確的弘法方向，為什麼對我卻沒有任何的訓誨，難道我是不堪荷擔如來家業的人嗎？」道安淚眼濤然，扶起慧遠說：「我縱然沒有片言隻語的叮囑，你也知道如何續佛慧命，把佛教傳揚於世間。如你這樣出色的弟子，我再也沒有任何的牽掛、憂慮。」拜別了師父，慧遠率領了數十位同道先在荊州上明寺小住，打算前往廣東羅浮山，途經潯陽，發現廬山的靈氣、清淨，於是駐錫在此，三十多年未出廬山，以東林寺為中心，創建了廬山僧團。而道安、慧遠二人終其一生都未曾再見面，但是師徒之間以心印心、慧命薪傳的高風淨行，在中國佛教史上，千年來依然閃耀著動人的智慧光明。

絲路上的盟約

玄奘大師是中國佛教史上不世出的翻譯家、中印文化交通史的光輝巨擘，同時也是偉大的思想家、教育家、地理學家、宗教家。

玄奘大師，俗姓陳，名褘，河南洛州緱氏縣（今河南偃師緱氏鎮）人，生於隋文帝開皇二十年。八歲從父讀《孝經》，才思敏捷，勤奮不懈。十歲父母雙亡，隨兄長捷法師住在洛陽淨土寺，學習佛教經典，十一、二歲已熟讀《維摩經》、《法華經》。隋煬帝於大業八年下詔，在洛陽度僧二十七人。玄奘時年十三，因為年幼，加以名額有限，不能應考。主考官大理寺卿鄭善果看到一個眉目清秀的少年躑躅門外，久久不去，細問之，原來是想要參加剃度的玄奘；再問之，出家目的何在？語出驚人地說：「欲紹隆佛種，續佛慧命。」鄭善果嘉勉他志氣宏大，破格錄取，成就佛教一位偉大的龍象。

唐高祖武德五年，二十三歲的玄奘在成都受具足戒。在長安、成都期間，前後遍訪名師，學習《涅槃經》、《攝大乘論》、《雜阿毘曇心論》、《八犍度論》、《成實論》、《俱舍論》等經論。玄奘愈深入經藏，比較各家論點，發現彼此「顯隱有異」，分歧甚大，尤其是《攝大乘論》和《涅槃經》、《十地經論》，對於佛性、阿賴耶識存在相反的看法，於是興起西行印度求法，求得原典，以對法義正確理解。

貞觀二年，玄奘上表朝廷，決定赴天竺求法。當時唐室建國伊始，尚未與西域諸國建交，嚴禁國人出玉門關。冬季，長安發生霜災，朝廷允許百姓至豐收處就食，玄奘乘機離開長安，冒著被緝拿的危險，發下重誓：「若不至婆羅門國，終不東歸；縱死中途，非所悔也。」孤身匹馬，踏上危難重重的征途。

玄奘歷經涼州、瓜州、偷渡出玉門關，躲過了五座烽火台的邏卒箭弩。進入莫賀延磧的茫茫大漠，失手打翻水囊，五日四夜滴水未進，唇乾舌燥，周身如焚，幾近死亡。玄奘默念觀世音菩薩聖號，昏沉中只覺涼風觸體，馬兒狂奔到一泓清水池邊，終於獲救。兩日後走出凶險的沙河，進入伊吾國境。

伊吾為高昌國（今吐魯番）的屬國，高昌王麴文泰是虔誠的佛教徒，聞說有大唐聖僧到西域，親自率領文武大臣恭迎於城門外，請玄奘大師陞座重閣寶帳中，殷勤頂禮說：「弟子聽聞大師蒞臨伊吾，便欣喜難抑，廢寢忘食，日夜渴望拜見。估計腳程，今夜應該抵達敝國，我與妻子皆不敢就寢，焚香誦經，恭候法駕。」四更初過，天空才稍露曙光，麴文泰早已帶領王妃女眷到大師歇宿處問安，淚流滿面，感動萬分地說：「莫賀延磧八百里流沙，草木不生，飛鳥難渡，大師能夠孤身獨騎橫渡大漠至此，實在是前所未聞的奇蹟，是我高昌國莫大的福報。我嘗遊歷過上國，拜見過不少高僧大德，卻沒有特別仰慕的人。自仰承大師德號，身心歡喜，手舞足蹈，敬請大師永留敝國，接受終身的供養。讓高昌國全國臣民都成為您的弟子，聆聽您講授佛法，目前國中僧眾也有數千，請大師悲愍弟子一片摯誠，不再以西行為念。」玄奘毅然回絕：「大王的隆情厚意，貧僧感念於心。我此次西行不是為名聞利養而來，而是深感東土經教闕少，法義欠周全，為了解答佛學上的疑惑，消除本國僧俗對法的歧異諍訟，西行之心祇有日日堅強，豈可中途而止？希望大王切勿阻撓我西去求法的初心！」

麴文泰看到玄奘決心甚堅，語帶脅迫說：「既然大師執意西行，只有兩條路任您選擇，或者送您回大唐，或者駐錫敝國。」玄奘語氣平和，態度堅定表示：「大王若要強留貧僧，屍骨可留住，但是神識仍然要前往天竺。」於是發誓不再進食，以真情感動這位固執的國王。三日三夜過去了，任憑高昌王如何親捧齋供，玄奘只是結跏趺坐，寸粒不進，滴水不沾。眼看大師氣息奄奄，命如游絲，麴文泰惶恐愧疚，不敢強行阻止玄奘求法心志，懇求大師於佛前盟誓：二人結為異姓兄弟；他日取經返回中原時，在高昌停留三年，接受供養，他日成佛時，麴文泰當效法波斯匿王、頻婆娑羅王等，為大師的外護檀越。玄奘一一答應，並且接受國王要求，講說一個月的《仁王般若經》，然後才啟程前往印度。

麴文泰為玄奘準備黃金百兩、銀錢三萬、綾絹五百匹，另有禦寒衣帽五十套，剃度四名優秀沙彌以供侍伴，駿馬三十匹、伕役六十多名，並且修書二十四封，分致西域各國君主。在高昌王的護持下，玄奘順利到了印度，貞觀十九年，取得六五七部經典返回東土時，聽說高昌國已被大唐所滅，留下一片廢墟，成為今日絲路上最大的古蹟——交河故城。聖僧與賢王，高昌一別，成為千古的思念，只能在龍華三會再續佛緣。玄奘在西行途中，不僅克服國法禁令、五烽艱困、八百里流沙險厄，更超越利養誘惑、人情考驗。一代聖僧與賢王的方外之交，法愛道情之華，依然綻放於千古之後的莫賀延磧大漠。

永遠的阿難尊者

八十歲的佛陀，在拘尸那羅城證入無餘涅槃，有形的軀體取滅，而法身、教義則永存世間。佛陀入滅的第七天，大迦葉率領五百位比丘急如星火地趕到拘尸那羅城，然後以耆老上座的身分，主持了肅穆莊嚴的荼毘大典。阿難轉達了佛陀最後的遺命：「小小戒可捨。」重視頭陀苦行的大迦葉，對此大表不滿，於是聯合「持律第一」的阿那律，決定在當年的安居期間，大迦葉一向遊化的王舍城進行結集，主要以結集毘尼——律藏為主，把阿難排斥在外，並且嚴厲譴責阿難的諸種過失。

大迦葉出身婆羅門種姓，自視甚高，認為自己縱然不接受佛陀的教導，也能獨覺證悟。同時他非常喜好頭陀苦行，佛陀曾勸他放棄頭陀苦行，和僧團大眾共住，以便襄助佛陀教化眾生，大迦葉執拗不肯，佛陀仍然胸襟寬大讚歎他精進梵修，並且分半座與他。另外，大迦葉初見佛陀時，供養佛陀貴重細軟的僧伽梨，佛陀則給他所穿的糞掃衣。蒙佛賜予半座，又饋贈糞掃衣，大迦葉以為自己和佛陀地位平等，佛陀涅槃後，統理僧團、結集經典的重責大任當然非自己莫屬。

由於大迦葉性格嚴峻，厭惡五欲塵染，尤其視女性如寇讎，未出家前父母為之聘娶妙賢，最後有名無實的二人雙雙出家。因此當阿難為女眾請命剃度、加入僧團時，大迦葉表示強烈反對，二十多年後，甚至以「請佛度女人出家」等問題，來呵責阿難的罪愆。因為度女眾出家和「小小戒可捨」一樣，觸及到大迦葉堅持頭陀、阿那律重律學派的昔日傷痛，當然要以上座長老的權威，給與阿難重重地棒喝。

阿難究竟犯了什麼過錯？根據《四分律》、《僧祇律》、《十誦律》、《銅鍱律》等律藏的記載，阿難的過失有：一、不問佛小小戒的內容。二、請求佛度女人出家。三、讓女人先禮佛陀舍利，以致染污了佛足。四、以佛陰藏相示女人。五、不請佛久住於世。六、佛索水而不與（一作以濁水供佛）。七、為佛縫衣時而踏足衣上。八、佛為說喻而對佛別說。九、佛命為侍者而最初不願意。這些過失可以歸納為戒律、女眾、侍佛不周等三大類。

先說戒律問題，《十誦律》中佛說：「我般涅槃後，若僧一心共和合籌量，放捨微細戒。」南傳《銅鍱律》及《長部》（十六）《大般涅槃經》說：「我滅後僧伽若欲捨小小戒者，可捨。」《毘尼母經》說：「吾滅度後，應集眾僧捨微細戒。」

因犯而制戒是佛陀制定戒法（學處）的原則，弟子行止上發生了問題，才集眾制戒，因此戒法是因時、因地、因人而制定，隨著環境、時代、有情眾生的不同，有需要做改變。《大智度論》卷一說：「毘尼中結戒法，是世界中實。」就是此意。但是不能隨意改變，要僧伽集議取得共識之後，才可更改。重視苦行與戒律者認為戒法無論輕重都要等持，捨棄小小戒便是破壞戒法，以大迦葉為主挺身揭櫫：「佛所不制，不應妄制；若已制，不得有違。如佛所教，應謹學之。」（《五分律》卷三十）二千多年來，遂成為僧團定論，不敢更動一二，若有增制者，也只有禪宗的清規而已。

再談度女人出家的事，諸部律藏及《阿含經》都說女人出家修道亦能證得初果至四果，《十誦律》、《大智度論》等更載明：諸佛均有四眾弟子，因此現在佛也應該准許女眾出家。何況大愛道夫人對佛陀有養育之恩，接納他出家，是為報恩善舉。至於佛陀對「女人出家，正法減少五百年」的預記說法，於何時做此預測都不合情理，佛陀怎會故意留下正法早衰的危機予後世弟子，明知有傳染病菌而讓它散播成災。佛陀晚年時，佛教蓬勃發展，受到廣大信眾的護持，名聞利養獲得日益，形成某些德行不純的弟子僧格墮落，譬如提婆達多的破和合僧就是典型例子，大迦葉等上座長老遂將此一切歸罪於女眾出家，定下數千年來女眾要禮敬男眾、男尊女卑的制度，辜負佛陀慈悲平等度化四眾弟子的最初本懷，而始作俑者的阿難當然難辭其咎，要接受重重的譴責。

至於服侍佛陀不周只是圍繞前面兩大過失的枝末問題，個性柔和、守法如儀的阿難，為了僧團的和合，雖然自覺無有過愆，但是仍然願意向大眾懺悔；多聞第一、讚佛教化的阿難，為了佛陀法義的流傳，最後證得阿羅漢果位，完成了經藏的結集。永遠的阿難尊者，活在後世千千萬萬佛弟子們的心中。

篳路藍縷啟山林——慈莊法師訪問記

編按：此文為依空法師對當時六十歲的慈莊法師的採訪稿，文中採第一人稱，「我」係指慈莊法師。

緣起

孔子和弟子們站在川上，指著潺潺流水說：「逝者如斯，不捨晝夜。」回想自己親近師父以來，整整四十個歲月。四十，是個不惑的標竿，四十年來，自己做了不惑的抉擇，皈依了佛教，跟隨師父出家，為佛法弘揚五大洲而奔波。只是在無數忙碌喜悅的日子裡，驀然回首，才驚異自己已從紅顏少年，變成兩鬢生霜的耳順之齡了。

一九五三年，師父應宜蘭佛教信徒的禮請，駐錫雷音寺弘法，宜蘭的鄉親父老們喜逢明師，競相到雷音寺聽法，特別是父母，幾乎天天都到寺裡幫忙法務，聽聞佛法。父親還擔任過雷音寺的總務工作，並且勤學國語，為師父的佛經講座作第一位台語翻譯。

當時我從光復後第二屆的蘭陽女中畢業不久，留在學校教務處工作，每天下班回家，都看不到父母，一問才知道是去了雷音寺聽師父講經，心中既好奇又嫉妒，是什麼力量吸引父母親每天到雷音寺拜佛聞法，害我天天要看守家門？在父母的勸誘，加上強烈的好奇心，我終於去了雷音寺。第一次見到了星雲師父，只見他親切地招呼大家，對出家人留下了柔和可親的第一印象。

過了不久，有一天師父到寒舍來普照，全家人興高采烈地歡迎師父光臨，我卻藉故留在學校值日，深怕被師父當面遇見，不好拒絕他的苦心度化，去雷音寺參加活動。今日回想，仍為自己的頑冥固執深感慚愧。

一九五四年春節，師父帶領雷音寺的信徒們到獅頭山去參訪巡禮寺廟，我也報名參加。傍晚到了獅頭山，吃晚餐的時候，卻看不到師父的身影，原來他到寮房看大家安單好了沒有？我深受感動，這位師父怎麼如此的慈悲、細心、周到，為了別人可以忘記自己。後來斷斷續續陪母親去寺中禮佛，但是自己仍然沒有信仰佛教的念頭，而師父也方便權巧地招呼我：「有空來寺裡走走、玩玩。」從來不主動叫我來拜佛，我也隨口答應：「好，一定去！」既然做了承諾，不能不守信用，因此從偶爾去、經常去，而變成每天去，去雷音寺變成我每天必做的功課。

後來，師父送我一本《無聲息的歌唱》，我仔細地閱讀，釐清許多對佛教的誤解與糾葛。師父講《金剛經》，我風雨無阻去諦聽。師父的無礙辯才，理事圓融，把偉大的真理、充滿智慧的《金剛經》發揮得淋漓盡致，每個人都聽得心開意解，法喜充滿。從此我不間斷地到寺中聽經聞法，參加各類的法會活動：我參加佛誕節的遊行表演，演出摩登伽女，以戲劇來度化大眾；我參加歌詠隊，以佛教的音樂來方便接引青年學佛；有人皈依了，我幫忙寫皈依證，自己卻始終沒有皈依的意念，寫了近一年的皈依證，才幡然醒悟，皈依了師父，自己的頑強駑鈍於焉可見。

雖然如此，師父卻從不勸我皈依，甚至提都不提，這種不勉強他人、尊重異己的耐心與寬容的胸襟，深深感動了我，私心裡卻打定主意，有一天一定要皈依他，師父可謂善知眾生的調御丈夫。我在家裡從來不必做家事，但是卻每天到雷音寺掃地，享受拂塵掃垢的禪悅；我為各種活動的文宣海報刻印鋼版，用文字般若和大家廣結善緣……。父母成就了我學佛的因緣，他們很歡喜我的轉變，看著我比他們更勤奮地一下班便往雷音寺跑。他們為我播下菩提種子，一步一步地邁向佛國淨域！

佛教文化服務處

一九五七年，我辭去了蘭陽女中的教務一職，一九五九年，奉師命到台北三重埔的一信堂創辦佛教文化服務處。一信堂位於三重的大同一路十六號，是一個在家信徒自設的佛堂，她願意把一樓的一間店面出借師父創辦佛教文化服務處，條件之一要我們負責整棟三層樓的清潔打掃，以及佛堂的供菜典座。六月十九日我到了三重，每天清晨一起來就開始打掃，打點一切，直到十時才能就緒。白天，來拜佛的信徒絡繹不絕，廚房的爐灶從未熄過火；晚上，由於房間不夠，便把爐灶權充床鋪，伴著隔壁機房隆隆價響的馬達聲，練就我隨處能安眠的習慣，真是「參禪何須山水地，滅卻心頭火自涼」。

我就像僮僕一樣，每天打掃、張羅，忙碌了整整三個月，到九月十九日，佛教文化服務處才得以開幕。為了辦好服務處，我四處奔波打聽，哪裡有佛教的文物，我便去觀摩請教。在我們的慘澹經營之下，我們為台灣佛教界引進了杭州的木魚、星月菩提、生絲海青、出家人的僧鞋，尤其得到了陀羅尼經被的版樣。我跑遍台北的棉被工廠，希望以床單來印刷，但是沒有一家工廠敢承擔下來，理由是技術上有問題。最後，瀕臨絕望之際，找到一條小巷裡的一家小印刷廠，勉強答應試試看。不久，台灣佛教史上第一批陀羅尼經被，終於流通於世，當時並且請甘珠爾瓦活佛加持。現在台灣的佛教文物品類之眾多、質料之精緻，琳琅滿目，讓人目不暇給。現在大家非常輕易便可以請購到各種的佛教文物，但是誰又重視這最初的因緣源流呢？截斷因緣，抹滅歷史，文化怎能綿延長久？

除了流通各種的佛教文物之外，佛教文化服務處更出版有佛教的書籍，例如煮雲法師的《南海普陀山傳奇》、聖嚴法師的《正信的佛教》。我們並且精裝印刷，出了師父的《釋迦牟尼佛傳》，那是台灣第一本佛教精裝書。另外，我們還編輯刊行中英文對照的《經典之部》、《論典之部》，請佛學名家撰寫，為台灣佛教第一部中英對照的書籍。我們以精美的彩色印刷描述佛陀一生的八相成道事蹟圖，引起巨大的迴響，至今許多的寺院還懸掛著當年我們所印刷的佛陀事蹟圖畫。我們錄製台灣佛教史上第一批的佛教唱片，一共有六張，四張為梵唄偈誦，二張為佛教聖歌。我們以音樂、繪畫、藝術、文字來弘揚佛法，把佛教藝術化、文學化、生活化、大眾化，讓佛法具有親和力，普遍為大家所接受。因此「佛教文化服務處」聞名遐邇，全省各寺廟的僧俗二眾到了台北，都會到這裡來看看佛書，請購文物，接受我們的文化服務。東南亞的佛教文物流通單位也和我們保持密切的關係。

為了將佛教的書籍、法器、文物，有效地推展到每一戶人家，我經常雙手提著沉重的樣書，爬上山間石階，一家一家去勸說介紹；每天要親筆回覆來自十方的上百信函；每天要將函購的書籍打包結實，然後放在拖板車上面，腳蹬三寸高跟鞋，拖到郵局去寄發。這樣經過了年多，一九六一年，心平法師加入了行列；一九六二年，慈惠法師也來幫忙，佛教文化服務處的法務蒸蒸日上。後來因緣變化，終於在一九六四年，遷移到高雄中山一路三十四號，辦得更有聲有色；隨後師父為了創建佛光山，賣掉此地，所得的淨財，買下了今日的佛光山部分用地，而佛教文化服務處也搬到佛光山，日後擴充成為今天的佛光出版社，所以師父常說：「佛光山是以文教起家的。」

壽山佛學院

辦教育培養人才，一直是師父的心願。一九六四年，師父排除各種困難，在壽山寺創辦壽山佛學院，我參與教務的工作，擔任教學組長的職務，常常為了學生的講義刻鋼版到三更半夜。由於知道護持教育事業的信徒如鳳毛麟角，教育的基金非常短缺，一向不提倡趕經懺的師父，為了學生的生活道糧，甚至到殯儀館為人誦經至通宵，只為了多籌些錙銖經費，使學生免於飢寒。看到師父為了培養僧青年如此地辛苦，想想自己未來何去何從，就這樣帶髮修行做個在家居士？為什麼不能剃去鬢髮，參與師父弘法利生的僧團事業，如此一來，縱然到殯儀館為教育事業而誦經，不是也多了一個人手嗎？一九六五年，苗栗法雲寺在傳授三壇大戒，我寫信給父母，說明自己出家的意願，父親滿心的歡喜，他多年的心願終於實現，回信給我讚歎說：「出家乃大丈夫之事，非將相所能為也！」我衷心感恩父母對我學佛出家的引度與成就。九月十九日，我皈依十一年後的四千多日子，終於剃度出家了，師父對我的耐心調教，點滴在心。當時師父在舉辦「世界僧伽大會」，我們幫忙各項的工作，我與慈惠法師等二十多位師兄弟，因此延誤了一星期才進戒場，一進戒場，便集體被罰跪在齋堂。不過，我們為佛教能揚名於國際佛教界而受罰，都感到心甘情願、無怨無悔。

一九六七年春天，常住買下木柵的指南中學，準備辦一所佛教的中學。師父指示我前往籌措一切的工作，我拎著簡單的行囊，到了指南中學，居無定所，更沒有炊爨的地方。不得已，把教室幾張高低不平、咿呀作響的破舊桌子，勉強湊和作床鋪；把教室一個角落當作廚房，每天汲井水煮飯。我以桌子為床鋪，享受「大千世界一禪床」的禪趣，長達一年之久，心中卻也怡然自在，不以為苦！後來也因為因緣不具足而放棄此地，奉命回高雄。

同年秋天，全力參與佛光山的開山事業。開山期間，更接受師父的指示，到宜蘭雷音寺創辦蘭陽佛學院先修班，我督導一切的建築、裝潢工程，一樣沒有安身之處，長年累月隨著我的所有行李，一口皮箱，幾個月都無處安放，打開不了。佛制出家人衣單二斤半，隨緣飄泊的日子，培養我人走到哪裡，行李就跟到哪裡，不佔有房間，隨處都能安住的自在性格。一九六九年三月十八日，先修班終於開學了，培養出來的人才，如曾擔任美國西方寺住持的依勤法師、負責佛光山萬壽園的依品法師，以及發心典座達二十多年的張碧英等人。

佛光山開山

一九六七年，隨侍師父到大樹鄉一座長滿麻竹、刺竹的荒山勘察，準備在這裡開創一座道場。當時交通非常不便，我們坐火車到九曲堂，然後步行走到今日的佛光山。後來，師父帶著一群信徒來看山，信徒們一看空山寂寥、荊棘遍布，堅持留在車上不上山，只有我和心平法師隨著師父上山，巡禮山頭一周。師父帶著一身的泥土和刮破的衣痕下山，笑容可掬地對信徒宣布，決定在此開山創辦佛學院，因為：「無人煙處，才好讀書。」從此胼手胝足展開披荊斬棘、以啟山林的開山工作。

我們一剷一鋤、一磚一瓦，長期和洪水戰鬥，發揮愚公移山填海的不懼不退精神。我們把山谷填平了，成為今日的靈山勝境。一幢一幢的建築物：東方佛教學院的院舍、教室，巍峨莊嚴的大悲殿，首棟容納千人掛單的朝山會館相繼落成，我出任第一任館長，常常為了信徒的用水，徹夜張羅不眠。為了讓回山信徒有舒適的地方掛單，我們把朝山會館蓋得美侖美奐，地毯、冷氣、抽水馬桶的一流設備，卻惹來保守的教界「奢侈豪華」的非議，其實這些都是為信徒而施設，我們出家人睡木板床，一天也用不著。不過我們希望把人間建設成黃金鋪地、微風吹動的極樂淨土。

在捉襟見肘、經濟拮据的開山期間，我們艱辛困苦的舉辦大專佛學夏令營。一九六九年，第一屆開營在即，學生的床鋪、臉盆、講義教材等費用還沒有著落。師父去壽山寺籌措，失望而回。一天午後，我正在巡視學院上課，教室前有一頭戴斗笠，莊稼打扮的老婦人在探頭張望，我上前親切招呼她吃米粉羹。吃完之後，她突然拿出一包用報紙包裹的東西，順手交給我說：「這個交給大和尚，隨便你們怎麼用。」然後堅決不留下姓名，飄然離去。我趕快轉交給師父，打開一看，裡面赫然是疊放整齊的二萬元新台幣，解決了燃眉的困難。到今天我們仍然不知道這位老人家的身分，我想應該是觀世音菩薩千處祈求千處應，無剎不現身的感應吧！

一九七三年，我負笈到日本京都佛教大學深造。

一九七四年，奉命回國，在台北籌設第一個別院普門精舍。剛搬進位於羅斯福路的普門精舍，時值嚴寒的冬天，由於租借的時間倉促，門窗來不及裝置，冷風颼颼吹入房內，夾帶不少的塵沙，每日的清洗工作非常吃力。我們在精舍創辦朝山團，每個星期都帶領信徒回山巡禮，縱貫線上八小時，以車子為道場，接引不少的信徒學佛，種下菩提，也帶動佛光山的開山建設。

一九七六年，適逢美國開國二百週年紀念，師父率團前往祝賀，囑咐我安排一切的行程手續。我找來各種的美國旅遊參訪資料，在美國地圖上，一分一吋地計算出各地的飛機距離、時差氣溫。簽證遲遲不下來，情況變幻莫測，最後在出發當日上午才問話通過，下午登機出發，負責財務的蕭碧霞因為結匯時間緊迫，不得已穿著拖鞋登機。我則吊著點滴，帶著血流如注的病軀，踏上美國之旅，種下日後佛教西傳的不可思議因緣。

一九七八年，常住決定在台北興建別院普門寺，我從羅斯福路走起，每天走遍台北的大街小巷，看到建築大樓，便一家一家去詢問，足足尋找了一個月。每天有一位不同的年輕師兄弟陪我去找房子，結果一個個都倒了下來，只有我不礙事，大家都說我有駱駝般的堅韌毅力。

後來我們在松江路找到了房子，我親自設計、督導裝潢。有一天的下班時間，我與尚在日本留學假期歸來常住的依空，以及一位美籍比丘尼，三人拎著掃帚、畚箕、水桶，擠著公車的人潮，從羅斯福路趕到松江路的新道場去清洗廁所浴室。四月，道場正式落成啟用，命名為普門寺，為台灣佛教史上第一座建於大樓的寺院道場，我擔任第一任住持，完成師父在首善之區的台北，創建一個道場，以方便來往緇素二眾用齋掛單的多年心願。六月十八日，我辭去普門寺住持一職由副住持慈容法師接任，奉命到美國洛杉磯創建西來寺，迎接我的是艱辛困頓的十年奮鬥歲月，隨行的還有依航法師。

開創西來寺

美國西來寺的開創，使佛光山走向了國際化。經過十年的艱苦奮鬥，集合眾多的因緣成就，在師父無以言喻的願力推動下，西來寺才得以完成，成為美國人心目中的另一座紫禁城。

最初，有一對王良信夫婦有心獻地建寺，不斷來電催促，我便和依航法師帶著五萬元的美金，到了美國，準備在此創建道場，把佛法傳揚到西方。後來因為公聽會沒有通過，此地為住宅區不宜建寺，加上其他原因，只好另覓他處。找到了加蒂那的一幢房子，我們自己修圍牆、畫佛像，馬上遠近馳名。第一次共修會的時侯，佛堂便擠滿了信徒，第三次集合更是水洩不通、無法容納，可見僑胞對佛法的饑渴。

加蒂那市空間不夠使用，決定找一座山開闢道場，經過種種的輾轉周折，終於找到現在西來寺的建地。為了開山的順利進行，便在西來寺斜對面的小丘上，買下了一處馬場，創設臨時佛堂，以便就近監督西來寺的建寺工程。佛堂工程尚未完工，美國工人突然罷工不幹，眼看三天後落成開光在即，不得已，我只好帶著信徒自己動手。我們挖下二尺深的厚厚馬糞，使道場空氣清新、環境清淨；我們自己鋸木頭做天花板、鏤花做門窗；油漆牆壁鋪地毯，終於在落成那天上午完工，工作人員三天不眠不休，累了就在案桌下稍事休息。當佛堂的燈光點亮的那一剎那，許多人都感動得泫然涕泣，我們連日來的汗水沒有白流，這就叫做莊嚴佛國淨土。

在開創馬場的佛堂之前，我覺得胸口老是悶痛不舒服，瞞著寺中的兄弟去看醫生，醫生診斷的結果是長了惡性瘤，可能轉變成癌症。我問醫生還有多久的生命，他說還有三個月，我一聽鬆了一口氣，三個月的時間，足夠我做許多事，辦好種種的移交工作。為了不讓年輕的師兄弟驚懼，我一直隱瞞生病的消息，擔心他們不會搬家，我把馬場的新佛堂安頓好之後，才公布明日要去開刀的訊息，師兄弟們都哭了起來，我反而心如止水，毫無遺憾。我囑咐大家不可向遠在台灣的師父報告，以免他掛念。凡有信徒來詢問，一律回答到別州去弘法。

第二天在師兄弟們的淚眼目送下，我被推進了手術台，我對大家淡淡地道「再見」！醫生們則祝福我：「Good luck to you!」經過二十四小時的手術，我從麻醉中醒來，渾身痛楚，喉嚨如烈火燒灼，無法言語，正在國父紀念館佛學講座的師父，突然打電話來西來寺，知我入院開刀，殷殷囑咐我好好休養。第二天，我便出院回寺，檢驗結果，竟然是良性瘤，大家都破涕為笑，為我歡喜。我自己也慶幸不已，可以有更長久的生命為常住分擔工作，這場病讓我更能體會：「將此身心奉塵剎，是則名為報佛恩」的真諦！

病癒之後，感生命之無常，人身之可貴，我積極推動西來寺的工程。最初，西來寺的興建，遭到當地居民的強烈反對，經過六次的公聽會，一百多次的協調會，為了博得美國居民的認同，我們寫標語，冒著風雨到超級市場、影視歌星演唱會等公共場所，請他們簽名支持西來寺的興建。有些美國人非常爽快地簽了名字，中國人反而拒絕不簽。

公聽會上有一位美國天主教主教幫忙我們說：「我們美國天主教、基督教，到台灣蓋了許多的教堂，而今天台灣只不過來我們美國興建一座佛教的寺院，如果我們因此就拒絕，難免有宗教歧視之嫌。」美國當地的一些外國佛教團體也租遊覽車趕來為我們助陣。有一位美國牧師則說：「我的太太是越南難民，逃到美國之後，每思及家鄉便以淚洗面，自從這裡有了佛光山的寺院，他就過得很快樂，我的家庭需要佛教，我贊成佛教寺廟的建立。」諸如此類的感人例子，實在不勝枚舉。

在三寶的加被，十方的護持下，西來寺終於一九八五年獲准建築，一九八六年正式動工，一九八八年十一月二十六日落成，舉行三壇大戒、水陸法會、第十六屆世界佛教徒友誼會，大陸有明暘、真禪、合成、圓湛等長老來參加，兩岸的佛教首度的接觸交流。我則當天提出辭呈，辭去西來寺住持的職務，蒙常住慰留接掌寺務工作。

早在一九七九年，便在城區買下一座教堂，增建為白塔寺，設有中華學校，教育華僑子弟，我擔任第一任校長；另外辦有青年會、禪修會等活動，來寺中幫忙掃地、煮飯、洗碗的博碩士不乏其人。

佛光淨土在眼前

一九八九年，我辭去西來寺的住持，返佛光山接掌都監院的工作，一九九一年更負責佛光淨土文教基金會執行長的工作，拓展佛光山在世界各洲的道場，先後創建了美國的夏威夷、關島、舊金山、聖地牙哥、拉斯維加斯、佛州歐蘭多、德州奧斯丁、紐約；加拿大的多倫多、溫哥華；法國的巴黎、英國的倫敦、德國、巴西；乃至亞洲的香港、菲律賓、泰國、馬來西亞、日本東京，以及非洲的南非和台灣全省各地等別分院、禪淨中心，完成師父「佛光普照三千界，法水長流五大洲」的宏願。

為了興建海外的道場，我經年累月在世界各地飛來飛去，最近一個月內，三去日本勘察東京別院的工程，又轉泰國、菲律賓、美國、香港，把絞痛三天的急性盲腸炎當作胃痛，在飛機上痛得汗如雨下，最後才被迫入院，差點丟了一條生命，住院中仍然在談紐約的工程。雖然如此辛苦，我很感謝常住派給我這個工作，讓我訓練自己不能有時差，天亮了就做事，天黑了就睡覺，隨處而安，隨緣自在。看到世界各地的信徒都有分別院可以共修學佛，心中感到非常歡喜，這個工作對我而言，是個適得其所，適合自己個性、興趣的工作。

早在二十多年前，我就曾向師父提出「閉生死關」的要求，師父以常住法務繁忙而打消我的念頭。回顧自己這一生，親近到大善知識的師父，出生於好家庭的父母，受到良好的學校教育，養成我不准計較，凡事謙沖退讓的性格。六十歲，還不是退隱的年代，假如還有無數個歲月，我仍然很歡喜奔波於世界各地，為佛教的弘揚而盡一份力量。等到有一天跑不動了，我發願搬張凳子坐在殿堂，像彌勒菩薩一樣，以笑容迎人，做一名稱職的知客。當然，能夠閉關潛修，深入經藏，仍然是我念念於心的最愛。

菩提伽耶那一夜

每一個宗教徒都有他們心目中憧憬的聖城，甚至終其一生至少要去朝拜一次的心靈淨域，例如伊斯蘭教徒的麥加、基督教徒和猶太教徒的耶路撒冷、藏傳佛教徒的拉薩布達拉宮等等。佛教徒最想去朝聖的地方，就是佛陀八相成道的故鄉——印度。星雲大師在規劃佛光山弟子參學次第時，曾訂下先從台灣各寺院的拜訪，然後歷經泰、馬、日、韓等佛教道場的巡禮，中國大陸名山古剎的參學，最後是朝拜佛教的發源地——印度，回歸佛陀的本懷。

星雲大師一生八去印度朝聖，分別為一九六三年，行程中撰寫了《海天遊踪》一書，為大師生平第一次的海外弘法。第二次為一九七三年，帶回了佛陀說法台上的琉璃磚、涅槃場的五穀磚，以及細白潔淨的恆河沙，這些後來都成為佛光山大雄寶殿珍貴的奠基寶物。第三次是一九七九年，同行有二百多人，規模宏大，包了兩架國泰航空專機，一架載朝聖的佛弟子，一架則滿載賑濟印度貧民的糧食、衣物、毛毯、書籍、佛像，歸來並出版有《佛光山印度朝聖專輯》，記載當時的盛事。在涅槃場時，大師面對佛陀丈六金身的涅槃相，淚流滿面，對大弟子心平和尚說：把佛光山託付給你，他要留下來陪佛陀，顯露他對佛陀的深刻孺慕之情。第四次是一九八三年，共有八十四人隨團參加，並首次派遣佛光山的弟子依華法師去印度國際大學留學，他後來對大師在印度傳授「國際三壇大戒」著力甚多。一九八五年，大師第五次踏上印度佛國，這次有七十六人隨行，我有福報成為其中的一員。此行大師決定在印度創建道場，後來乃有「佛光山加爾各答禪淨中心」、「佛光山印度佛學院、佛光山伽耶育幼院」的成立。之後，於一九九二年有拉達克之行，成立了「菩提伽耶會」；一九九八年在菩提伽耶菩提場傳授「國際三壇大戒暨在家三皈五戒」，恢復印度及南傳佛教比丘尼教團的戒法。二〇〇六年，大師帶著心律不整的病情，最後一次到印度，在海德拉巴市的十字街道，為二十萬的印度百姓主持皈依三寶典禮，傳播佛陀四姓平等的偉大思想。

去印度朝聖要倍受各種靠考驗；嚴寒酷熱的氣候，交通的混亂誤點，衛生設備的令人堪憂，特殊飲食難以入口，滿街乞討的婦女小孩，到處糞便的骯髒街巷等等，雖然如此，印度仍然是充滿神秘魅力的國家。大師每次去印度都染疾生病，我們問他為什麼不辭疲累病苦，屢次帶團來印度朝禮聖跡呢？他說：為了給佛弟子增長信念道心，為了開闊大家的心胸視野，體會佛陀創教的偉大本懷，藉著全世界廣大佛教徒的頻繁朝聖壯舉，引起印度政府對佛教的重視，進而保護佛教的各處聖跡，大師以教為命的悲願至為深切。

一九八五年，也就是大師退位的民國七十四年，他認為自己訂下的佛光山宗長任期制，應該以身作則恪守制度，做為開山祖師擔任十八年後，毅然決然傳法予弟子心平和尚。當年冬天，他就率領我們去朝聖印度的佛陀聖跡。飛機抵達印度第一站的新德里旅館時，發現我的行李被航空公司搞丟了，幸好出家人的短褂衣服高矮胖瘦都能穿，師兄弟們慷慨湊合布施了衣襪，總算有了著落，看來印度之旅的考驗才剛開始。

佛陀的八大聖跡，距離都非常遙遠，每個定點之間遊覽車往往需要七、八個小時，地面又顛簸不平，行駛在凹凸窟窿，人坐在車上，往往被彈跳撞到車頂。最困擾的是中途沒有休息站可以去方便，只好男女分別，各自尋找隱密草叢就地解決，所以有人戲謔稱：「印度很不方便，到後來隨處都很方便。」師父方便權巧，叫人買了兩個塑膠桶子，放在遊覽車的最後一排，拉上布幔，實在內急者可以解脫一下，但只能小解，不能大解，再找適當地方清洗。人生什麼都可以節省，就是如廁不能省，這個其實也是一種涅槃解脫的快樂境地。

隨著八相成道的聖地，氣氛感覺有很大的差別，佛陀誕生地的藍毗尼園，洋溢著生命孕育的喜悅；初轉法輪處的鹿野苑，是個充滿智慧的地方；佛陀涅槃的拘尸那城，瀰漫著一股濃郁的哀愁，大家到了這裡都不想互相交談，各自或者繞著舍利塔一步一拜，或者坐在娑羅雙樹下默默冥思。印象最深刻的是到了菩提伽耶，因為這裡是佛陀證悟成道的淨域，空氣中透露著一片清涼，非常的靜謐祥和。

菩提伽耶建有高聳入雲的大覺塔，每年有成千上萬的佛教徒從世界各地蜂擁而來此地朝聖。塔旁有一棵綠蔭如傘蓋的菩提樹，據說當初遮護佛陀降魔成佛的第一代菩提樹被移植到了斯里蘭卡，之後遭到伊斯蘭教的摧毀，又將第二代的菩提樹種回了印度本土。雖然已經是第三世代的菩提樹，但是在佛弟子們的心目中，依然是象徵無上正等正覺的聖樹，每片菩提葉都受到大覺塔的出家人細心地照顧處理，朝聖的人不可以任意地採摘揀拾，師父更警惕我們不能貪婪私藏，因為這是「常住物」，不能隨意妄取。

當天早上在菩提樹下、金剛座前，由師父主持一場莊嚴的剃度皈依典禮，天空麗日高懸，白雲藍天，萬里晴朗。當「爐香乍熱」讚聲一起，突然刮起了一陣和風，還飄灑一滴滴的雨珠，吹落一地的菩提葉，信徒們早已忘記師父的叮囑，爭先恐後彎腰搶揀菩提葉。只有一位經營麵包店的台南信徒，因為一路護送師父在印度新德里請購、得過印度總理獎的石雕佛陀像，他始終恭敬地合掌讚頌，不受外境影響。有兩片外形美好、沾著雨珠的合掌菩提葉，不偏不倚地飄落在他的虎口上，典禮結束，他把合掌菩提葉畢恭畢敬地呈現給師父，師父說：「那是你的虔誠發心和佛陀有所感應，佛陀特別和你結緣的！」我們出家弟子，心中雖然著急焦慮，起心動念也想揀一片聖物，但因為懾於師父的威德，大家都不敢有所造次。

一行人整天都在菩提伽耶繞塔、經行、禮佛、禪坐。師父很慈悲，把大覺塔販賣部流通的白色蠟燭全部買了下來，分給我們去燃燈供佛。有人甚至燃燒出燈花舍利，一尊白蠟觀音像，體型雖小，但是髮髻、五官，手中的如意都非常的清晰可見，我們把它帶回佛光山，供奉在早期的陳列館中。

因為在菩提伽耶停留的時間很短，明天一早就要去趕下面的行程，我們都捨不得離開。我和幾位師兄弟相約半夜去菩提樹下、金剛座前打坐，體會皈投佛陀座下的喜悅。夜很寧靜，空氣很清涼，沁入心扉，有一股甜甜的安舒感覺。我斂目盤腿坐在菩提樹下，觀想佛陀慈祥地結跏趺坐在我面前的金剛座上，彷佛一伸出手就可以觸摸到佛陀降魔的手印；數著均勻的氣息，和佛陀一鼻孔出氣。當我正沉浸在深深的禪悅之中時，耳畔突然響起一位同參輕柔卻如雷鳴的聲音：「依空法師！夜已深了！我們要回去睡覺了！」霎時間我心中澎湃如潮湧，思忖自己累劫多生以來輾轉於六道之中，不知為了何事流浪於他鄉，今日好不容易迷途知返回到佛陀您的座前。我多麼希望能用一生的歲月來換取一個晚上，寧靜地跪拜在佛陀您的膝下，哪怕僅僅是一個夜晚，都是彌足珍貴的永恆。我突然非常羨慕聽覺不方便的聽障人士，可以充耳不聞，繼續坐斷乾坤。但是我不能把自己的輕安喜樂建立在別人的不安罣念之上，只好悻悻然下座，回到簡陋的招待所，一看手錶已經將近凌晨一點鐘。

躺在堅硬的木板床上，想到早上七點半即將離開佛陀開悟的聖地，輾轉反側無法成眠。我們兩、三個人悄悄地走出招待所，沐著柔和的月光，走到菩提伽耶成道處，鐵門已經關閉，顧不得一切，撩起長衫的下襬，手腳俐落地爬過尖尖的鐵欄杆，旁邊有一位西藏喇嘛也熟門熟路地在攀爬，並且非常友善地向我道早安，原來對佛陀的親慕者是不分宗派的。

離開菩提樹、金剛座約莫六、七尺有一塊佛足石刻，長約六十公分，上面呈現千輻輪輞轂眾相，簡稱千輻輪相，雕刻有精巧細妙的紋樣圖案，是佛陀的三十二相之一，表示佛陀遊化十方大轉法輪。佛陀福慧雙修，圓滿具足，是兩足有情眾生中最為尊貴者，稱為兩足尊。我五體投地虔誠頂禮佛足，體會到「接足禮」的殊勝難得。從凌晨三點匍匐禮拜到六點，一直到天際現出微微的曙光，雖然捨不得離開佛陀，但是終須要道別。我整斂衣裳恭恭敬敬頂禮三拜，然後從石刻佛足處，移步到金剛座前，中間不過十餘步之遙。我剛走開，有一位出家人旋即上前禮拜佛足，只見他突然彎下身軀，就在佛足旁邊揀起一片菩提葉。我豁然有打破虛空、桶底脫落的感覺。自己從昨天早晨剃度典禮上，就一直企盼能得到一片菩提葉，徹夜的禪坐、頂禮佛足，菩提葉的相狀始終盤旋在我的心念中，雖說是渴求聖物的善法欲，畢竟著相有求，佛陀給我上了一堂寶貴的課程：「有求不如不求好，進步哪有退步高。」菩提達摩的「無所求行」，《心經》的「以無所得故，菩提薩埵」，原來是如此的深意。感謝佛陀的醍醐灌頂，我雖然沒有得到有形的菩提葉，但是心中已然領受到無形的菩提。

東方已經大白，我向佛陀頂禮告假，準備去歸隊搭車，突然吹起一陣風，掉落滿地的菩提葉，我平常心的揀了起來，把它們全部送了出去，片葉不沾身。雖然很想留在佛陀的身邊，但是佛陀一定更希望弟子們走入人間，把佛法傳播出去。菩提伽耶那一夜，雖然短暫，但是在我的宗教體驗中，已然烙下深深的印記。

印度去來

二〇一五年，我帶著一群信徒，再度到了印度，前後十天，除去來回兩天的飛機，第八天去觀賞伊斯蘭教統治時期的名勝泰姬瑪哈陵、紅城之外，其餘七天都在朝禮佛陀的聖蹟，如藍毗尼園、舍衛國祇園精舍、王舍城竹林精舍、鹿野苑、雪山苦行林、菩提伽耶成道聖地、靈鷲山說法台、頻婆娑羅王被囚禁的遺址、古那蘭陀寺、拘尸那羅涅槃塔、舍利弗和阿難涅槃的地方、提婆達多墮入地獄處、恆河畔瓦拉那西的火葬場。一路上我一直在為團員講解佛陀八相成道的事蹟，從老病死生到解脫輪迴，從出世求道到入世關懷人間，印度佛教史突然立體化了起來，不再僅僅是典籍上的文字名相。

抵達印度的第二天，我們一行人到了位於西北印度的舍衛國祇樹給孤獨園，這是由祇陀太子供養的奇林異樹，給孤獨長者須達以黃金鋪地的天價捐獻的園地，簡稱祇園精舍，是由舍利弗監造，佛教史上第一棟的伽藍建築，佛陀每年在此伸廣長舌說法教化僧信二眾。早上五點，昏濛的天色，曙光尚未衝破厚厚的雲層，十二月的印度清晨透著一股冷冽的寒氣。只見寬大的祇園精舍，已經有不少的出家人盤坐在各個角落，不同的國家、不同的種族、不同的宗派、不同的僧服，或禪坐、或誦經、或經行、或禮拜，在寧靜、肅穆、清冷、遼闊的祇園精舍，各自以自己的修持和佛陀接心，構成一幅多樣而和諧的莊嚴畫面！

我們一群人盤腿坐在佛陀說法台前，誦念著《阿彌陀經》：「一時，佛在舍衛國祇樹孤獨園，與大比丘僧千二百五十人俱。……」一剎時，我眼淚滂沱如潰堤的江水，泣不成聲。此時此地，時間穿越到二千六百多年前，佛陀就在這裡宣說《阿彌陀經》，當時的十六大阿羅漢、千二百五十常隨弟子，以及數以萬計的信眾，虔誠地聆聽佛陀的教誨，曾經的輝煌盛況，如今只剩下一座雄偉壯闊的建築遺趾，默默地矗立在一片寂寥的歷史軌跡之中。

佛陀成道之後，創立了佛教僧團，五十年間行腳於恆河兩岸，從祇園精舍到竹林精舍，示教利喜四姓眾生。佛教發源於印度，在印度曾經盛極一時，阿育王時代甚至向南傳播至斯里蘭卡，公元前四年西漢哀帝年間，甚至越過喜瑪拉亞山北傳至西域，乃至東土中國、韓國、日本、越南諸國，宗派林立，高僧輩出，締造蓬勃耀眼的北傳佛教盛世，而佛教最終卻在印度衰微、滅亡，令人扼腕唏噓！

佛教起源於印度，發展於印度，為什麼消失於印度？根據各種印度佛教史的記載，普遍認為是伊斯蘭教的統治印度，因為宗教立場的不同，消滅掉了佛教。我結束印度佛教聖跡巡禮之後，回到台灣閱讀了一些有關印度的書籍，解除心中多年的疑惑。《荀子．勸學》：「物類之起，必有所始。榮辱之來，必象其德。肉腐生蟲，魚枯生蠹。怠慢忘身，災禍乃作。」蘇軾〈論項羽范增〉：「物必先腐也而後蟲生之。」世間一切現象，有因有緣才會形成結果。一件事情的成敗始末，除了有外在的境緣，更有內在的原因。佛教在印度的興衰、生滅，也不離外因緣、內因緣兩個因素。

印度位於南亞，東近緬甸、孟加拉，西接巴基斯坦，北臨尼泊爾、中國，為世界面積第七大國家，是台灣的九十一倍。地形為向印度洋伸展的三角形，三面環海，東邊為孟加拉灣，西邊為阿拉伯海，北方高聳三座山脈：喜馬拉雅山、帕米爾高原、興都庫什山脈，地理位置得天獨厚，山高水深成為天然的屏障，外敵不容易攻入。老百姓本來可以高枕無憂過日子，偏偏西北邊破了一個大缺口，印度歷史上的幾次外族侵略殖民都是從這個地方長驅直入。

公元前二〇〇〇年至一四〇〇年左右，遊牧於歐亞大草原的雅利安人，經由興都庫什山的缺口攻略了印度，印度歷史稱為「吠陀時代」。建立了至今都牢不可破的種姓制度，婆羅門教取得了祭祀、教育、話語的權力，崇拜各種神祇成為印度人的熱切宗教信仰。

公元前三二七年，馬其頓國王亞歷山大同樣穿過阿富汗東部的興都庫什山脈，跨越印度河，以為自己已經抵達世界的盡頭。亞歷山大的入侵，帶給印度農田被毀、城市遭殃的災難，許多印度人甚至淪為奴隸。僅僅經過兩年的時間，亞歷山大領兵回到巴比倫就與世長辭，而這段期間的記載，是西方世界了解中世紀以前印度歷史的重要資料文獻。

後來由亞歷山大帝國衍生而生的大夏國王彌蘭陀王，統治了西北印度，政績斐然，並且曾經和那先比丘留下了印度和希臘東西兩大文明的智慧對話，以及融合希臘、羅馬、印度文化的犍陀羅佛教藝術。

公元三世紀的笈多王朝（三一九－五五〇）是印度歷史上的黃金時代，笈多王朝諸王以及後來的戒日王（六〇六－六四七），他們都是印度教濕婆神的虔誠信徒，只是他們採取宗教寬容政策，同時支持佛教的發展，並且由國家提供鉅大資金創建了聞名古今的那難陀寺（今日的那難陀大學），吸引了當時各個佛教國家的僧侶到此參學，堪稱是全世界佛教最高學府。唐代高僧玄奘大師不畏險難去印度取經，就是到那難陀寺和戒賢長老學習法相唯識，受到戒日王的最高禮敬，在曲女城舉辦長達十八天的大小乘辯論會。戒日王為了護持佛教的出家人安心研習佛法，命令附近一百多個村莊的稅收免繳政府，轉而供養那難陀寺的數萬僧侶，做為日常食衣住行的道糧。於是出家比丘不用出去托缽，只要專心一致在寺中研究佛教經典，乃至印度教的吠陀、邏輯學、數學、冶金術等，使得佛教變成知識份子的專利，加上採用艱深的貴族梵文，著重學理辯論的形式，雖然不乏有菁英人才輩出，但是漸漸與人間隔離，佛教關在象牙塔內，走向貴族化、經院派化，不能普及於一般庶民。

當一般民眾百姓有煩惱時，找不到佛教的沙門可以解惑，只好向活躍遊行於人間的印度教婆羅門解決心靈的困擾。尤其印度教透過簡單易懂的日常用語，把婆羅門思想融入祭祀、音樂、舞蹈、風俗民情之中，和生活緊密地結合在一起，水乳交融，宗教即生活，生活即宗教。所以當公元十二世紀左右，伊斯蘭教一手拿著《可蘭經》，一手把持銳利的長劍，一樣從西北角的興都庫什缺口入侵印度，打到那難陀寺時，幾萬的佛教僧人正在過堂午齋，甕中捉鱉被一網打盡，收藏各種佛教典籍的藏經樓圖書館，被一把火焚化成灰燼，傳說燒了六個月才熄滅，佛教重要的史料文獻蕩然無存。

印度的佛教和印度教，面對伊斯蘭教的毀滅暴行，卻有不同程度的法難。佛教徹底被滅亡了，而印度教因為已經深深融入印度百姓日常生活的方方面面，伊斯蘭教的莫臥兒帝國不可能把所有的印度人全部殺光，因此當公元一八五八年，英國人獲得尼泊爾的幫助，再度從西北方攻進印度，伊斯蘭教結束幾世紀的統治，印度教卻全面的復興，直至今日印度教徒佔了印度全人口的八成，而可憐的佛教徒只有百分之零點七。

佛陀倡導「四姓入佛，同一種姓」的平等精神，和婆羅門傳統的種姓制度大相逕庭，勢必受到印度教的極力排斥。他們巧妙地把佛陀轉化為印度教三大神之一——保護神毘濕奴神的第九個化身，並且被扭曲為錯誤的示範，把佛教印度教化。大約在佛陀入滅後一七〇〇年左右，佛教已經消失於印度。

雖然如此，佛陀的偉大教法曾經在印度盛行了一千多年。佛教如何振興於後世？印度的經驗給了我們明確的啟示，「人間佛教」是佛教未來發展的一道曙光，並且是唯一的光明希望。佛教一定不能和人間切割，不能離開眾生，要以眾生為修行道場。遁入山林，躲進戲論的象牙塔，佛教一定會被眾生拋棄。

再度去了一次印度，回來恰巧星雲大師出版他的晚年力作《人間佛教佛陀本懷》，印證了我的一些想法。擦乾悲憤的眼淚，告訴自己，從此不會再為佛教在印度衰滅而哭泣，因為「人間佛教」這盞明燈，已經為佛教未來的前途點燃出一條光亮的道路。

銀杏的聯想——留學甘苦談

師父星雲上人說：人生至樂，讀萬卷書，行萬里路。因此，他興辦佛教學院，設立圖書館，讓我們遊心於般若法海；他在世界各國創建道場，培養我們的世界觀，讓我們有地球人的恢宏氣度。他說，他一生受惠於恩師的，是接受了良好的教育。因此，他自己也如師般教育我們的慧命，如父般養育我們的色身，他要給我們最好的教育：宗門的生活教育，佛法的思想教育。

師心即父心

讀書，一直是我的最大興趣。但是，負笈出國留學，卻是始料未及的事。日本有一句諺語說：乖巧的孩子，要讓他出門去流浪。意思是藉著顛沛的羈旅，磨鍊他獨立的性格，堅強的意志。一九七七年九月，辦完了母親的告別佛事，我隨著中日佛教促進會的訪問團，第一次踏出國門，開始我留學日本的新鮮經驗。

當時師父擔任中方的會長，忙碌的會議一結束，師父親自帶著我去拜訪駒澤大學的水野弘元教授，把我託付給他指導。水野教授後來成為駒大的副校長，在日本佛學界有很高的聲望，他致力於巴利佛學的研究，曾受印度那難陀大學頒贈勳章，他是我的生活保證人。

留日期間，我每次去請教他，他總是強調佛學貴在實踐體證，而不是學術的研究，而他自己本人在佛學學術領域上有很高的成就，執日本原始佛教研究的牛耳，深受日本學者們的敬重愛戴，水野教授可謂真正懂得佛法的學者。

走出水野教授的家，回程的路上，師父對我說：「世間的父母送孩子去留學讀書，是怎樣一份殷切盼望的心境，我也是一樣的心情。」淡淡的幾句話，卻重重地撞擊我的心。我問師父將來要專攻哪一宗派時，師父卻答非所問地回答我：「將來如果長衫和羅漢襪沒有穿好，就不必回來了。」

有許多優秀的留學僧，特別是男眾，受到日本社會民風的衝擊，脫下了僧裝，流失了根本道業。當初師父自己曾有留日的因緣，就是為了證明在驚濤駭浪中也有屹立不搖的中流砥柱。我很欣喜常住給我的考驗，我要在滾滾紅塵的氤氳中，走出一片晴朗的藍天。事實上，每一個佛光弟子早已造就絕對的免疫力。

大唐在哪裡？

隨著訪問團，我們走遍日本九州，參訪日本佛教古都的奈良、京都。摩天的高樓大廈、琳瑯滿目的地下商店街一點也不吸引我，我患了嚴重的水土不服，吐了十幾天的胃，強烈地排斥帶有甜甜膩膩的日本「精進料理」。走了幾條街，一碗熱熱的、鹹鹹的中華拉麵，終於療治了我的思鄉病。在飲食文化上，我就無法入境隨俗日本化。

我們到了鑑真大師七次遠渡重洋，仿照唐風所興建的唐招提寺。我站在大師的舍利塔前（幾年後，大師的舍利才由日本送回揚州大明寺奉厝），思緒澎湃。一千多年前，日本的遣唐使、遣唐僧，恭恭敬敬地把鑑真大師迎接到日本，大師帶來了大唐的佛教，以及中國的文化，日本人後來才有了戒律，三寶具足，日本人發展了茶道，穿起了唐服，大師被尊稱為「日本文化之父」。一千多年前，大師乘風破浪，把中國佛教傳揚到了東瀛；一千多年後，我們這些來自中國佛教的佛弟子，竟然到日本來研究中國佛教。盛哉渝哉的大唐，你在哪裡？唐招提寺沉默了一千年。我的心情和大師的碑石一樣的寂寥、冰冷。鑑真大師！我們愧對您！

帶著團員們的祝福，在大家婆娑淚眼的相送下，我隻身從大阪回到了東京，開始留學的日子，我驚訝自己的灑脫自在。回到了東京，師父囑人從京都寄來的棉被、電鍋、電視已運到。這些東西從慈惠、慈容、依戒等法師，到我手中，算是第四代了。棉被的被面已經破舊，電鍋要敲一敲才能運作，黑白電視則是一片模糊的跳躍畫面。東西雖然舊了，但是它蘊含著佛光山勤儉持家的宗風，裡面有師父對弟子的慈愛，師兄弟之間的道情法愛。當天晚上，我抱著舊硬的棉被，作了溫暖的夢。家，越過汪洋大海，進入了我的夢鄉。

十一月，我返台擔任佛光山開山十週年所舉辦的三壇大戒戒會的書記一職。一九七八年年初返日，以整整一個月期間，奮筆疾書寫完十萬言的戒壇日記，才以董仲舒三年不窺園的精神，準備東京大學印度哲學研究所的入學考試。

對於留學生而言，經濟、學業、心境是三大必須克服的功課。佛光山的弟子得天獨厚，有常住的支援，經濟上不容許揮霍，但也不致匱乏；心境上有佛法為資糧，也不成問題；比較困難的是語言的學習，尤其我個人。

不曾讀過一天的日文，帶著一身破釜沉舟的勇氣，我以七天的時間，把日文文法瀏覽了一遍，然後直接閱讀日文書籍，逐字逐句的查閱辭典，幾度為奇怪的日語中文而氣結，譬如「我慢」變成忍耐，憤而將書摔向角落。幾番調息之後，按捺住性子，決定以沒有分別的童心重新去學習日文。

聽人說：學日語最好看漫畫書、看報紙、收看電視。上學的途中，我撿回地下鐵中日本人丟在車上，或者垃圾桶裡的報紙、漫畫書仔細閱讀，希望習慣日語的日常用法。上課時，錄音機、辭典不離手，一有疑問馬上查閱；見教授時，背好句子才去和他交談。參加了東大留日同學會的讀書會，對閱讀方面有很大的助益。因為我的身分特殊，整個東大就我一個台灣的出家人，許多人的好奇，成就了我許多練習日語會話的因緣。

在三寶加被下，僥倖地考上了東京大學，別人為我歡喜祝賀，我卻心情更加沉重。在佛光山的籃球場上，我向師父報告考上的消息，也表明我真正的心跡。我只想把出家人的本分做好，無心成為佛教的學者。但是，如果佛教的家業需要佛弟子擁有世間的資源，我們也只能「佛教第一，自己第二」去方便完成。

我肯定留學本身就是一種訓練，打開心胸，拓展視野，在不同的異質文化裡激溢出智慧的火花，何況他山之石，可以攻錯。我腦海中浮現口試時教授們嚴肅的面容，什麼時候我們國內的高等學府，也有一片的天地讓莘莘學子倘佯於佛法的慧海之中，而不必汲汲於旅途，甚至有朝一日，讓世界各國的人到我國中來研究佛學。當我看到日本的整條圖書大道，有百年以上專賣佛教書籍的老店，書架上日蓮辭典、道元辭典、親鸞辭典、最澄辭典等等醒目地擺在那裡，我們的智顗辭典、玄奘辭典、慧能辭典又在哪裡？我們的歷代祖師非常卓越，我們這一代的弟子卻很羞愧，對文化交了白卷，我們對文化不夠尊重。

台灣常常比較說：日本能，台灣為什麼不能？以佛學研究風氣來說，日本人的拙、勤、誠精神，就值得我們借鏡。日本人實實在在，以拙樸、勤奮、誠實的工夫，一句經典不明白，可以討論幾小時，不肯輕易放過，他們沒有中國人差不多先生的黠慧。他們喜歡成立讀書會，一位教授帶著一群研究生在自己的研究領域裡攻讀各種語言、原典文獻，他們具有團隊精神，上下世代能夠傳承經驗，薪火能夠傳遞。這是每一個個人優秀、公雞性格互不謙讓的中國人應該深以為戒之處。

沉默的沐浴

東京的地價昂貴世界聞名，東京的擁擠狹窄也是眾所皆知的。但是它的整齊、清潔、有秩序、治安好，使它成為人人喜愛的世界大都會。我住的地方離學校路程十分鐘，可以省卻年年漲價的交通費，又節省不少通車時間。房子有四張半榻榻米大，可以媲美〈陋室銘〉中的斗室，我則把它當成維摩丈室。這裡是我的佛堂、臥室、書房、齋堂、廚房、會客室，更是我的浴室。

日本人喜歡到公共澡堂——錢湯去洗澡，他們認為袒裼裸裎相見，表示彼此的磊落坦白。因此，一般的租屋也就沒有浴室的設備。留學生們入境隨俗都到錢湯去洗澡，但是錢湯真是名符其實，瓦斯年年漲價，每天泡錢湯變成留學生們奢侈的享受，兩、三天洗一回，已是一筆龐大的費用。

為了擔心驚動房東，我通常都在夜深人靜的時候，才進行淨化臭皮囊的浩大工程，我先將塑膠布鋪在榻榻米上，以防濺溼。將用茶壺燒好的熱水，一壺一壺倒入大澡盆中。有時天氣嚴寒，倒下去的水一下冷卻成為溫水。然後以最輕快的動作，不發出聲響，洗完戰鬥澡。

有一年冬夜，外面零下四度，飄著細細的雪花，凌晨一時，我打著哆嗦，在萬籟俱寂中，洗了畢生難忘的一次澡，頗有「念天地之悠悠」的淒美感覺！後來回到佛光山，每逢沐浴時，我可以肆無忌憚地發出嘩啦嘩啦的水聲，心中充滿感恩惜福。讓門外的人知道我正在洗澡，好幸福喔！

說法的無情

雪，是個讓人喜愛難忘的奧妙東西，特別對於來自炎熱南方的我們。一天，我寫家書向師父報告平安，貼好郵票，看看手錶，已經凌晨一點多了，拉開門扉，打算出門把信投入郵筒。一開門，霎時銀白的世界映入眼簾。夜好靜好靜，大地睡得好安詳、好甜蜜。雪輕柔輕柔地飄著，細細的，就像小時候吃的雪花冰，我忘情地昂首，讓雪花飄進我的口裡，重溫兒時的快樂感覺。雪花冰，好美的名字！雪，均勻地鋪在路樹的粗幹細枝上，不多也不少，不凹也不凸，晶瑩剔透，好平均，好像用秤子稱過數量一樣，每根枝幹部承載得剛剛好。

平衡，是大自然的最美！雪，是大自然中最公平平等的東西，剎那間把人間美的、醜的、無分別心的雕琢成賞心悅目的潔白。

東京大學的校徽是銀杏的葉子，東大有上千株的銀杏。銀杏秋天的時候，葉子開始泛黃，最後轉為金黃，秋風一吹，葉片掉落地上，朝陽夕日一照射，樹上的葉子和地面的落葉相輝映，一片金光閃亮，彷彿極樂世界的黃金鋪地，美極了！傍晚時候，媽媽們牽著孩子稚嫩的手，來撿拾銀杏的果實，也就是俗稱的白果。晚霞在他們身上鑲繡出柔美金黃的線條，一幅溫馨美麗的親子圖。

銀杏的果實葉子掉光之後，要經過漫長的嚴酷冬雪，光禿禿的枝椏，高聳雲天，像一個飽經風霜的浪人，挺著堅毅的腰脊。春暖乍寒時候，銀杏抽出新芽，在你不留意中，由點點而片片，綻滿一樹綠意，等你察覺時，已經把整個藍天，切割成支離破碎的翠綠。銀杏，說法的無情，傳遞著生命生生不息的輪迴現象。

玄奘大師，是中國佛教史上留學印度的學僧，去國十七年，威德遍及印度、西域各國，返回長安之後，譯經度眾，使法相宗得以發揚光大；日本的道元、空海，唐時到中國長安來求法，返回日本後，開宗立派，曹洞宗、真言宗至今成為日本的佛教主流之一。留學生或留學僧，本來就是推動文化交流、傳播新知識的動源力量，我們希望這股力量能夠有更大的迴流，留學生不僅所學可以回饋鄉梓，貢獻本土文化；我們希望中國的留學僧，並且有朝一日能夠恢復大唐盛世，中國佛教能成為全世界佛學研究的重鎮中心。

我在佛門的第一份工作

當年辭掉彰商教職，上佛光山承擔的第一份工作，就是佛學院的教務工作，師父星雲大師時任叢林大學院長，慈莊法師則擔任東方佛教學院院長。為了讓學生有堅強的師資陣容，慈莊法師帶著我，拿著聘書，披著袈裟，去頂禮聘請教界的耆宿法師，上山教授因明、唯識等佛學課程。為了請成功大學中文系系主任唐亦男教授來教「魏晉玄學」，我們造訪成大教師宿舍，最後因為我大學曾選修唐教授的先生王淮老師的「老莊」課程，以此因緣而成就一樁美事。

當時適逢佛光山開山的第一個十年，開山機不曾停歇，執事們最期待的是，每天早上七時至九時，聆聽師父的「成佛之道」等課程，然後跟隨他去巡視工程，看他拿著瓦片在地上描畫，一棟棟輝煌的殿宇就從地涌出矗立於佛光山。下午四點半是全院師生最快樂的時刻，早期到老育幼院前的廣場，後來移至東山籃球場，全山總動員，天龍地虎打成一片，每天進行一場不計輸贏、只在參與的籃球賽，球員可以隨時上下場，甲乙隊隨興加入。我們球技不好的人，則圍坐在場邊四周，稱職的當個啦啦隊員。

因為在開山，常住經濟非常拮据，全山大眾都沒有水果吃，只有初一、十五供奉大悲殿觀世音菩薩時有供果，這些水果則要留著以招待遠來、外請的教授專家們。我因為辦教務，有時需要陪貴賓用齋，偶爾可能吃到一、二片水果，日子過得既清貧簡淡又滋潤飽滿。直到現在，我都沒有養成吃水果的「好」習慣。現在的學生物質豐裕，過堂時輕易推出水果、菜餚，可惜無法體會物力維艱、來處不易的稀有難得精神。

師父常說：「佛光山以文教起家。」念茲在茲，傾全力要把教育辦好。他禮賢下士、尊師重道，把教界僧信二眾的大德幾乎都網羅上佛光山教書，在寶藏堂召開無數次的佛教人才培育會議。印象最深刻的是，有一次會議正如火如荼地熱烈進行，師父突然叫人趕快準備午齋，因為座中有一位外道場的出家人修「過午不食」，大家只好臨時中止會議，吃飯要緊。多年後，他倡導的佛光會主題「尊重與包容」，其實他早已身體力行。

佛學院有些教授從台北搭飛機來山上課，以當時台灣的經濟條件，搭飛機算是高等消費。為了辦學，作育英才，佛光山不惜一切資源投入教育工作，其中有一位教授，經常半夜三更才到達佛光山。辦教務的我，不好驚動別人，只好獨自枯坐在頭山門的大樹下，在幽微的星光中守候教授的到來，並且還要張羅他的掛單、點心，讓貴客賓至如歸，沒有絲毫的不便。這是師父一向教導我們的「給人方便」的待客之道，某位教授有感而發說：「三代禮節，盡在於斯。」意思是說「禮失求諸野」，夏商周三代的禮樂精神，保藏在佛門展現無遺。

從日本完成學業回山，一頭栽進一連串的行政工作。前後接管過普門中學、大慈庵、雙林寺住持、佛光山文教基金會、文教處（佛光山文化院的前身），每週並且要舟車輾轉地到文化大學哲學系上課，這其間始終未曾更換的單位，就是佛學院的工作。歲月悠悠，一晃十幾寒暑。其中舉凡招生、設計課程、聘請師資、為學生覓設獎學金等等，都是我們的職務。有一年，師父更是破釜沉舟，把我們幾位負責佛光山僧伽教育行政工作的人，集合在美國西來寺，整整一個月，每天不眠不休地討論佛學院的辦學方向與策略，最終定下佛光山僧伽教育三級制度：等同高中程度的「東方佛教學院」、大學學歷的「佛光山叢林學院」、相當於研究所的「中國佛教研究院」。「叢林大學」正式轉型為「佛光山叢林學院」，下設「經論教理」、

「文教弘法」、「法務行政」、「社會應用」等四系，先行試辦「經論教理」和「法務行政」兩系，成效斐然，延續至今不輟。「中國佛教研究院」則因南華與佛光兩所大學設有宗教研究所而併入。自此佛光山的僧伽專才教育體系，脈絡分明，人才輩出。

佛學院最鼎盛的時候，全院學生曾多達七百多人，分部林立。佛光山叢林學院分為專修部和國際學部，專修學部下設本山的男眾學部和女眾學部，以及台北女子佛學院、基隆學部、彰化的福山學部；東方佛教學院則分有本山的沙彌學園、東方佛教學院女眾部、嘉義的圓福學園。國際學部有英文佛學班與日文佛學班。大學級別的專修學部學生，一年級初入學時不分科系及區域，都在佛光山接受扎實的通識教育，等到二年級時，再依學生的志願分發到各個區域，或台北，或基隆，或福山，或留在本山就讀，務期達到快樂學習。雖然如此，大悲殿內總本部的教室、寮房、齋堂、圖書館等硬體設備，仍然不敷使用，責成永昭法師監督工程，因此在原來東西兩廂的寮房上加蓋第三層樓，綜合圖書館、研究圖書館、青齋堂、禪堂、人會堂等建築，像雨後春筍般林立在佛光山最早期開山的一座山頭，一片朝氣蓬勃的氣象。

佛學院的教育分兩大領域，一為生活教育，特別注重五堂功課的訓練，平日課誦禮佛、過堂跑香、搬柴運水，屬於行門的實踐；一為思想教育，學習基礎佛法，八宗兼備，乃至專經專論的深入研讀，建立正知正見，是為解門的積學。除此之外，佛光山系統的僧伽教育對於實務經驗的培訓特別加強，叢林四十八單的工作樣樣都能一肩挑起。時逢佛光山開山二十週年慶，我們帶著學生從台北行腳到佛光山，三十天走了六百多公里，不管烈日曝晒、大雨傾盆，走出佛子正信的道路。每天雖然要照顧長了水泡的「足下」，但是每個人精神抖擻，晒出一身健康的古銅色。

師父以托缽行腳的淨財成立佛光山文教基金會，辦公室就設在佛學院之內，我後來接掌執行長。為了接引更多的青年學佛，學院師生集體合作，舉辦了連續三期的「短期出家修道會」，每期十天，男眾要剃去鬚髮，規矩嚴格比照出家眾的三壇大戒，結界、禁語、不捉金錢珠寶等，引起台灣媒體的熱烈報導，培育了一批法門龍象，慧寬法師三姊弟、佛光山日本總住持滿潤法師等人，都是第一期的發心菩薩，短期出家後來遂成為佛學院每年必定舉辦的重要活動。在佛學院的香雲堂，我們以「堂」為「廠」，租來機器，自行印刷第一屆「佛學會考」的試題，仿照大學聯考，嚴禁閒雜人等入闈。

一九八八年冬起，由佛學院承辦了「國際禪學會議」，有台、日、韓、美、義等多國佛學專家學者來發表論文，轟動一時，接著又舉辦一場「佛教學術會議」。尤其後來舉辦的兩場「佛教青年學術會議」，場地就設在佛學院內，並且由佛學院的學生自己策劃、執行所有的議程工作，舉凡會議順暢進行的議事組、接送機的交通組、掛單的住宿組、飲食的典座組等等繁瑣的事項，學生們都一手包辦，從容不迫，完全可以勝任任何大型的學術研討會。「養兵千日，用兵一時」，老師們只要站立一旁，悠閒地欣賞自己苦心陶鑄出來的藝術品。

要深入經藏，如何解讀古文是無法避免的關卡。都說文史哲不分家，自己大學讀的恰巧是「中國文學系」，為了加強學生的中文能力，有一段時間，每天傍晚樂石過後三十分鐘，我就搬了一張矮凳，拿著大聲公擴音器，面對大悲殿，坐在四十坡的平台，每日一成語，為學生講解每個成語的典故及用法，完全自由參加，氣氛輕鬆，是個快樂的師生互動時間。

佛學院保有許多優良的文化，譬如尊師重道的傳統精神，學生自動為老師擦黑板、茶水供養、更換擦手毛巾等禮節。長幼有序，敬重學長的佛門倫理，學弟看到學長要合掌，行進時要側立讓路，這些良好的教養要一代一代地傳承下去，不能斷層。往日每年有三百多位學生畢業，各個單位的執事們摩拳擦掌，極盡遊說之能事，就像社會企業團體的招攬人才舉動。「得天下之英才而教之，人生一樂也」，多年來佛學院的畢業生們，無論在文化、教育、寺務、國際交流等佛教事業，均能住持一方，弘法五大洲。佛學院是作育佛教英才的搖籃，期盼江山代有人出，文化薪傳，綿延不絕。

憶良師二三事

佛教主張一切因緣所成，緣聚則生，緣散則滅。能夠和業師張子良先生結下十餘年的師生情誼，也是一個緣字。

大學畢業多年，一直遊心於佛學慧海，離中國古典殿堂漸遠，加以負責一連串文化、教育的行政工作，對於中國文學有一份既熟悉又陌生、既親密又幽遠的感覺，決定重返校門，享受沐浴春風的快樂，是佛光山和高師大一向深厚的因緣，主要的還是這裡有我心儀已久的良師益友。

我不是老師前期的弟子，關於他宿昔的典範事蹟所知不多，加以疏懶個性也不曾積極去蒐集。只能就一九九四年到二〇〇四年他去世前，十年中的二三往事，略作回憶。許多上過他的課的學生都覺得老師很威嚴，甚至帶有嚴厲之氣，其實他是「望之儼然，即之也溫，聽其言也厲」的夫子形象。課堂上，他偶爾抒發對國家局勢的關懷，那是知識份子的忡忡憂心與鏗然真言。一次，他語重心長地舉龔自珍語，世間一切不僅為稻粱謀，來告誡授業弟子，那是誨人不倦的師者風範，更是禪門棒喝子孫的老婆心切。我不知當機眾是否入乎耳，存乎心？我這個隨緣者卻受益良多，印證自己所選擇的人生是可喜的。

老師是位感情內斂的人，偶爾會與我們談及家世，談他堅毅不讓鬚眉的祖母如何為家族撐起一片天，走過堪忍的動亂時代。老師談他如何隻身帶著老母親，遠赴冰天雪地的韓國客座教學，縮衣節食支付一雙兒女在日本求學的昂貴學費，在為人子、為人夫、為人父的倫理角色中顛躓奔波，卻獨獨忘記了自己的存在。

老師非常珍惜骨肉親情，稚女在他書頁上胡亂地塗鴉，他視如珍寶，不時拿出來賞玩，並且如數家珍地告訴我們這段甜蜜的緣起經過。兒子想要一台「快譯通」，平常總是簡樸過日子的老師，一件襯衫一百元就解決了，對於現代科技新寵物不熟悉的他，認真地跑電器販賣店，一台幾千元的機器，毫不吝惜地滿足孩子的所願，和一般的父母一樣，對待兒女總是推乾就溼，你樂我苦。

老師和姊妹的感情特別親。他的老家在台東，他最喜歡回台東，這裡有他許多童年往事以及甘苦回憶。他帶我們回他任教的小學，有一位張姓同學，因為懷念老師，乾脆把自己的兒子取名「張子良」，我們當然不忘去探訪這位「小子良」，老師關心地詢問「子良」乖不乖，有沒有挨打？傳為一段趣譚。小學附近有一家饅頭包子店，幾十年過去了，招牌、風味都沒有變，老師識途老馬找到了這家店，請我們品嚐了甜的、鹹的各種餡兒，鬆軟可口。老師的大姊住在台東，雖是尋常婦女，但是有一份豪邁氣概，老師對她有姊弟手足的親愛，更有長姊如母的孺慕之情，去台東探望大姊，或可稍補他「子欲養而親不待」的人子之懷吧！

台東有老師念茲在茲的親人，台東更有他魂牽夢繫的好山好水，尤其是讓人紓解病痛的溫泉，泡溫泉是老師少數興趣中的最愛。兒子調派到美國工作，兒媳婦久子小姐趕去美國團圓前，特地返台向老師辭行，我因為曾到日本留學，恰可權充翻譯。老師帶著兒媳婦回台東親炙老家的山水，培養那血濃於水的骨肉親情。夜晚驅車至一峽谷公園，我們沐浴著月光、吹拂著山風，在手電筒的微弱光線下，煮著熱騰騰的火鍋，山谷的風雖然冷冽，但是湯頭是甜美的，心頭是暖和的。一年後，久子小姐喜獲麟兒，我陪著老師遠赴美國休士頓看望小孫子，那是老師一生第一次、也是唯一的一次去美國，兒子來接機，第一句話就抱怨美國沒有文化，做了父親之後的兒子，和老師的關係更貼近了，因為他們有了共同的父親心境。

老師一直想找一瓢泉鉛山隱遁下來，尋找多時，加上我們的起鬨，最後決定在杉林間處過平生，這裡寧靜純樸，遠離塵網，可以管竹管山管水。喬遷日，我帶了一群師兄弟為新居灑淨，並且安奉了一尊觀自在，以及祖先牌位。每年除夕前，我們會和老師一起吃年夜飯，讓他有年的感覺。為了安全有伴兒，我們商量為老師找一隻狗兒。一日，我去三峽探查佛光山金光明寺的建築工程，一位工頭把他二個月大、毛色黃白相間的台灣土狗，割愛給我們。牠就坐在我的腿上睡覺、拉屎，一路從台北三峽直奔高雄杉林，成了老師人生最後的對話伴侶，老師為牠取名「龍龍」，我們則不定期去看看那山、那人、和那狗。

老師是位有「同體大悲」愛心的人，龍龍是他另一個摯愛的孫子，他買上好的骨頭給牠吃，把牠養得一身英挺的好骨架。他笑謔說：「龍龍真是好狗命！」一次去台東知本泡溫泉，老師不放心龍龍寄放在佛光山的台東日光寺，堅持人畜同宿旅館，讓牠也享受溫泉水滑洗凝脂的快樂。甚至被診斷肝癌，需要接受一連串的治療，老師將龍龍交託於我，那神情就像託孤於老臣一般地慎重，然後才安心進行艱辛的療程。不過龍龍並沒有辜負老師良好的家教，絕對不逾越跨入門戶，行住坐臥都有威儀。可惜在老師去世半年後的一日午後，龍龍因為誤食農民的殺蟲劑而往生了，哭紅了照顧牠的緇素二眾們的眼睛。我們把牠火化後，做了一場佛事，埋葬在佛光山萬壽園，長伴老師的身側。難道是老師放心不下龍龍，連最後的因緣都如夢幻泡影，揮揮手帶走了唯一的那片雲，真是「諸法因緣生，諸法因緣滅」。

老師對祖母、父親、母親的孝思深厚，我幫他在佛光山萬壽堂找到家族型的納骨龕位，一家四個位置。他從苗栗獅頭山遷來祖母的骨灰，又把父母的遺骸從台東移至佛光山，重新火化之後，我陪著他小心翼翼地把骨骸依身體部位，層次井然地放入罈甕，舉行了一場隆重的晉塔佛事。上層奉厝祖母，下層安置父母。老師語重心長地叮囑：把終生大事託付給你了。未來那第四個位置就是他安身立命的所在，我們還少不更事地開玩笑，打麻將三代同堂，一個都不少。此後，凡是春節過年，或是冥誕忌日，老師常常自己騎著機車，從杉林鄉上山來悄悄祭拜，深怕驚擾我們。

畢業離開高師大後，我每週回學校旁聽老師的課，一直到老師退休為止。我們慫恿老師，退休後在杉林開間私塾，教授《詩經》，自行束脩以上的學生就是我們這一群。我們磨拳擦掌計畫著他的終生大事，享受晚年「曉山眉樣翠，秋水鏡般明」悠遊、通脫的歲月，沒想到老師囑咐給我的竟然是他的生死大事。北宋古文大家的歐陽修、王安石、蘇軾，三人有至深的師生關係，而三人又都卒於六十六歲。一生詮釋東坡生命最為酣暢淋漓的老師，不臆也在六六大順之齡走了，留給我們深深的惋惜與不捨。往生前數日，他突然打電話給我，告知我，他一切平安無事。這就是老師一向的風格，凡事總為別人著想。

別人教書為生活，老師是活著為教書，以他對教育事業的關愛堅持，慧命終將不死，我相信他應該會很快地乘願再來，再投入文化薪傳的工作。

輯三

生命出口

苦難中的超越

佛教傳入中國，從東晉至唐代，展開近六百多年的佛經翻譯工作，歷代譯經人才輩出，其中鳩摩羅什、真諦、玄奘、不空，被稱為中國佛教史上四大翻譯大師。

東晉道安大師曾說：「不依國主，則法事難舉。」在政治主宰一切的古代，佛教的弘揚需要皇權做為外護。鳩摩羅什有後秦姚興的護持，在長安建有逍遙園做為譯經場所，譯場參與翻譯的人員有二千多人，都是一時俊彥，道生、僧肇、道融、僧叡號稱「關中四傑」，更是他的得力助手。玄奘大師於貞觀十九年返回大唐長安之後，便受到唐太宗、高宗父子的擁護，設置弘福寺、慈恩寺、玉華宮等處做為專門的譯經院，任命宰相房玄齡負責監護，並由朝廷撥給費用，挑選傑出的僧才擔當證義、綴文、筆受、書手等工作，弟子有三千、賢達者有七十餘人，譯經隊伍龐大，盛況空前。不空三藏則受到唐玄宗、肅宗、代宗等朝皇帝的支持，先後在鴻臚寺、大興善寺等處譯出密教經典。相對於前面三位譯經大師，真諦的遭遇顯得坎坷乖舛，困難重重。

真諦為西印度優禪尼國人，生於笈多王朝末年、厭達人侵入印度的亂世。南朝梁武帝虔奉佛教，聲名遠播於南海諸國，和扶南國（今柬埔寨）時有交流往來。大同年間，張氾奉武帝詔命，送扶南使者歸國時，順便迎請佛教高僧大德，攜帶大乘經論到梁朝來，扶南國於是推薦正在該國弘法的真諦三藏前去中土。梁中大同元年（五四六）八月十五日，真諦循著海路欣然抵達南海郡（廣州）。翻越大庾嶺，經過贛江、豫章、九江，於太清二年（五四八）八月，輾轉兩年才到達梁朝國都建康，武帝在寶雲殿迎接供養，敕令真諦開譯佛經。不到兩個月，侯景作亂，次年建康淪陷，武帝受困台城，飢餓而死。真諦避難至富春，得到縣令陸元哲的幫助，召集寶瓊等二十位沙門，譯出《十七地論》。侯景之亂平定後，京師仍然戰禍頻仍，真諦歷經豫章（江西南昌）、新吳（江西奉新）、始興（廣東曲江）等地，飄泊不定，雖然一度得到蕭勃的支持，旋又遭遇梁陳改朝換代的戰爭，飽嘗顛沛流離的滋味。

真諦懷著滿腔熱忱來到中國，卻遭逢南朝血雨腥風的亂世，沒有強大的國家外護力量，歸依的弟子也寥寥可數。雖然在富春有寶瓊，建康有願禪師、慧寶，豫章有慧顯、警韶，始興有智愷等人跟隨，但是沒有固定翻譯場所，輾轉遷徙，缺乏穩定性，加以所弘傳的唯識古學不為中國佛教弟子所喜愛，他在廣州譯經成就斐然，卻受到北方京師的僧團排擠，只能侷促嶺南一隅，無法將唯識教義傳布全國。

由於宿願難酬，知音難覓，意興蕭索至極，真諦甚至生起自捐身命的念頭，幸為弟子們所勸阻。他三次啟程打算歸返印度：第一次在永定三年（五五九），時年六十一歲；第二次在天嘉二年（五六一），時年六十三歲；第三次在元嘉三年（五六二），時年六十四歲。三次都沒有成功，被緇信二眾弟子們再三懇求留在中國，尤其第三次，因為「業風賦命」，船隻遇到大風飄還廣州，於是和弟子慧愷等人翻譯《廣義法門經》及唯識論等經典。

近代佛教史學家呂澂說，真諦是印度來華的翻譯家之中遭遇最坎坷不幸的大師。他於公元五四六年到達廣東，五六九年圓寂，二十三年之間遭逢南朝戰亂，如蓬草般飄泊流徙，居無定所，一面逃難，卻譯經不輟，共翻譯了六十四部、二百七十八卷的經典。譯出的重要經典，如《金光明經》、《彌勒下生經》、《仁王般若經》、《金剛經》、《解節經》（《解深密經》的部分）、《大乘起信論》、《攝大乘論》、《俱舍論》、《十七地論》、《婆藪槃豆傳》（世親傳），以及大量的唯識經典，如世親的《佛性論》、無著的《中邊分別論》。其中《俱舍論》的研究，在六朝曾形成俱舍宗；《攝大乘論》的傳播則成立攝論宗，真諦被奉為始祖；而《大乘起信論》則為佛教中國化發揮了推波助瀾的作用。

真諦帶來中土的多羅樹葉經典共有二百四十多夾，如果給予安定的翻譯環境全部譯出的話，將有二萬餘卷之多。和鳩摩羅什、玄奘、不空相比，他在如此險惡動盪的世代，生命朝不保夕的困厄中，超越了個人苦難境遇，心繫佛教慧命的弘揚，以菩薩大勇猛的忍辱精神，為中國佛教史樹立了一代譯師的偉大典範。

幸福，其實很簡單

從小遺傳自父母的好基因，有不錯的體質，一生中連感冒的次數都算得出來。我的家人沒有高血壓、糖尿病、高血脂的三高症狀，也沒有癌症的家族病史，主要器官如肝膽腸胃脾腎胰肺都沒有問題，算是「好心肝」的健康家族。多年前，師父曾經對著我們一群早期的弟子們說：「你們都很健康，不會生病。」我自己也自覺是「健康寶寶」，生病好像是很遙遠的事，仗著年輕，把父母給我的色身，毫無節制地使用。

第一次住院的新鮮人

一九八八年，佛光山舉辦國際禪學會議、第一屆青年學術會議，我當時負責籌劃執行等一切工作，接下來是本山各佛學院的第一次聯合講習會，一向健康的身體亮起了紅燈。一天，一位小兄弟陪我去看醫生，正在填寫掛號資料卡時，突然一陣暈眩，眼前一片漆黑，天空閃爍著一顆顆粉紅色的小星星，剎時冷汗沁身。我緊閉雙眼，腳不離地，憑著直覺一步一步退回身後的椅子，耳邊響起醫生、護士雜遝急迫的驚呼聲，我被推上了活動病床，送進了急診室，生平第一次住進了醫院。身體如五花大綁般失去了自由，但卻念念分明地觀照著不淨的臭皮囊。我體會到臨終一念不迷亂、不顛倒、正念正定的重要性。

當天晚上，師兄弟下山到醫院來探望我，只見我躺在病床上，因為失血過多，左手吊點滴，連打了2500cc的鐵劑；右手在空中比劃，正在對巡房的院長闡說佛陀的根本教義。第二天，不顧醫生的警告，回到佛光山參加宗務委員會，大家都沒有察覺我的異樣，只覺得我臉色蒼白。

大師！我和您一樣

一九八九年，星雲大師率領二百多人到中國大陸弘法探親，我跟隨訪問團首次到大陸參訪。首站北京，然後到了憧憬已久的盛唐首都長安——今之西安，我舊疾復發，來勢洶洶。訪問團找來醫生為我把脈針灸，悄悄告訴師兄弟，要有心理準備，為我準備後事。

一行人到了法門寺，大家託師父的威德，得以到地下宮殿瞻禮稀世珍寶——佛指舍利。我卻寸步難行，只能獨自站在地宮前的丹墀，眼睜睜看著大家虔誠喜悅地走入地宮。我雙手合十，對著佛陀默默祝禱：懺悔自己業重福薄，沉淪累劫多生，不只見不到祇園會上佛陀的金色身，今日好不容易迷途知返，千里迢迢來到靈山，卻疾病現前，無法頂禮佛陀的法身舍利。

前面觀音殿有兩位「手帕頭上戴」的老菩薩，竊竊私語商量了老半天，一人突然踏著顫巍巍的金蓮碎步，下階梯，上石階，吃力地爬到我站立的高台，把賣了一整天的微薄香燭淨財要供養我。我收下裝滿他們虔敬三寶的紅包袋，將袋內的錢掏出還給他們，並且解下佩戴多年的手珠、佛像，贈予他們。雖然雞同鴨講，聽不懂他們的西安方言，從老人滿臉洋溢著歡喜的皺紋上，我忽然對佛教未來在中國這塊土地的傳播，充滿了信心。佛教二千多年的菩提種子，深埋在中國的瓦礫砂石堆中，中間數十年雖然斷絕了法水，但是早已深植民心，終有大地春回的日子。感謝佛陀悲愍我這個重病的弟子，雖然無法親自去地宮膜拜佛陀和舍利，但是卻讓我看到了中國佛教未來的脈動生機。當下許願：法門寺佛指舍利，今生一定要再來頂禮！

師父看我病得很嚴重，要我先到杭州等候，大眾繼續西行去敦煌。我堅持地說：「縱然埋骨沙漠，我也要到敦煌瞻仰佛教石窟。」師父轉頭對負責聯絡的師兄弟說：「這個人既然連死都不怕，我們就成就他。到敦煌千佛洞時，設法找一頂轎子給依空搭乘。」我一聽，生平坐過車、乘過船、搭過飛機，轎子倒沒坐過，愈發堅定要去敦煌的信念。

一行人坐飛機到了敦煌，轉搭車子到莫高窟，別人是坐在車上，我則是整個人躺在車上。車子一路顛躓搖晃，經過黃沙滾滾的荒漠時，驀然想起玄奘大師當時獨自經過莫賀延沙磧八百里流沙，水囊不慎傾覆，五天四夜滴水未進，人馬飢渴，倒臥在炎熱的沙海之中，口誦觀音聖號，發大悲願：「寧向西方一步死，不回東土一步生。」是怎樣的一種心境？那是以全生命向無上菩提的告白。走在沙漠上，我忽然和一千多年前的大師相契合，心境非常的「唐朝」。慚愧的是我身坐在冷氣車內，一群師門同參照顧著我，而玄奘大師則是單騎孤僧，芒鞋錫杖行腳於火焰烈日之下。我心中默念：「大師！我也和您一樣，寧向西方一步死，不回東土一步生。」我和觀世音菩薩商量，不必考驗弟子我的信心，等巡禮完畢莫高窟千佛洞，縱然死亡也了無遺憾！託三寶加持，師父的關愛，到了莫高窟，雖然無車無轎，我拄著一根竹杖，默默稱念觀世音菩薩的名號，一步一步走完人類千古文化瑰寶的莫高窟。

感謝這場重病，讓我體悟到佛陀的慈悲，參透到一代大師的宏願深心，承受師父同門的細膩關懷，更觀照到自己深層生命對佛法的信心。身體雖然大死一番，但是心靈卻有蛻變重生的輕安與喜悅。

最害怕的事，還是發生了

小學三年級為了躲避母親的追查，藏在棉被裡，在五燭光的微弱光線下，偷看毛姆小說《人性枷鎖》。小說的內容似懂非懂，學問沒有什麼長進，經年累月下來，到了五年級就戴上了近視眼鏡。隨著學歷的增長、喜歡閱讀的習慣，加上負責文化編纂工作，大量地使用眼睛，近視度數和年紀一樣只增不減，愈來愈有「深度」。醫生警告，高度近視的人，要慎防視網膜剝離的發生。

二〇〇四年，我在南華大學文學系所任教，同時擔任駐校執行董事。因為答應圓神出版社出版個人拙作，我從佛教的藏經中摘錄珠璣語句，仿效文偃禪師的「雲門一字關」，找出四十八個字，定名為《一字禪》，希望從一個字去了解佛法的大義，並且請我的二哥張正林負責每個字的篆刻，文圖兼收。

由於付梓的時間緊迫，我既要忙於教職，又要負責校務行政，只能犧牲睡眠，如火如荼地撰寫。昏天暗地，焚膏繼晷地趕稿，一個星期天，終於如期把稿子全部趕完送出。第二天星期一，上午認真地上完文學所的課程，下午和陳淼勝校長開完校務工作會報。傍晚時分，我所作皆辦，心情輕鬆，為自己煮了一碗乾麵，還特別做了一道湯，準備好好犒賞自己多日來的辛勤。

乾麵冒著熱騰騰的輕煙，散發著一陣陣的香味，正準備好好享用，突然我的左眼出現黑色的斑點，第一直覺以為是眼鏡上有黑屑，幾次擦拭，都不見消失。跑到浴室照鏡子，察看是不是臉上、眼中有髒東西？接著可怖的現象發生了，左眼不斷出現一片一片黑棉絮，好似從煙囪中接二連三冒出，然後是一道一道的閃電，電光石火般擊倒了我。我心中一沉：「最害怕的事，還是發生了！」我的眼睛病變了。可以耳聾聽不到聲音、跛腳不能走路，就是不能眼盲看不見。眼根壞了，積書滿架的讀書樂就完全毀滅了。

我當機立斷，馬上開車到民雄找一家眼科診所就診。醫師為我散瞳，眼睛直視強烈的光線，不能眨眼，灼熱、燒痛，淚如雨下。醫生畫了一張圖，告訴我左眼的右上方視網膜有剝離的現象，彷彿被判刑一般，最擔心的事終究還是避免不了。我告訴醫生明天早上再去找醫院治療，醫生給了我一個偉大的醫學常識：視網膜剝離是現在進行式，和時間賽跑，刻不容緩，不能拖延。我決定連夜南下高雄找大醫院。

首先到了高雄醫學大學附設醫院，一位女醫生又為我做了一次散瞳，重複前面醫生的診斷程序，結論是一樣的令人沮喪。她很慎重地告訴我，他們院方有一位治療視網膜醫術非常高明的名醫，但是他星期三才有門診，我要不要等一等？我仔細一想，還要耽擱二天，這個剝離進行激烈的視網膜，恐怕如拆碎七層樓台，早已碎成一片了。

走出高醫，在暗黑的高雄街道躑躅流浪，何去何從？突然有一股「念天地之悠悠」的悽惻之感！最後，決定去高雄榮總試試。掛了急診，一群眼科醫師一起討論我的病情，我又被做了第三次的散瞳。其中一位女醫生還稱讚我警覺性很高，知道在黃金時間趕快來治療。然後他們找來該院專治視網膜的權威某醫師，醫師一來，又對我做了第四次的散瞳。短短幾個小時之內，一個晚上，我的左眼已經散瞳四次，飽受燒灼之苦，眼淚止不住地流，眼睛好像要潰爛的感覺，瞋火油然生起，脫口而出說：「你們醫生，不看病歷，是不是對於病人都要重新散瞳一次，眼睛沒有治好，也會被你們照瞎。」醫生淡淡地說：「沒有那麼嚴重，怎麼可能把眼睛照瞎？」我被迫住院觀察。

第二天早上，在沒有事先通告之下，我被推進了一間診療室，這位醫師親自操刀，為我雷射，左眼直視機器，只見一陣陣強烈的藍光、紫光、白光……，五彩繽紛，由於長時間不能眨眼，我的眼睛已經痛得無法言喻。院方擔心我手術後發燒，要求我再住院一天。下午，眼睛蒙著紗布，我躺在病床上休息，頭痛、眼痛糾纏在一起。一個年輕的醫師來查房，站在我的床尾，竟然對我呵斥道：「我們老師是榮總很厲害的醫生，他是很有名的醫生，你昨天晚上怎麼可以對他說眼睛會被照瞎？」哦！原來是學生來為老師討公道，疼痛讓我差一點失去修持，本想回應他：「我也是很有名的病人。」轉念一想：「人為刀俎，我為魚肉。」醫生和病人之間較量什麼「有名」與否？趕快以忍辱波羅蜜的功夫把妄念消除。

為了怕被外力撞擊，我每天不論出入電梯間、走廊上、教室課堂裡，不忘頭頂斗笠，眼戴墨鏡，既遮擋光線，也提醒別人和我保持距離，學生還笑著說：「老師！您的造型好酷！」經過了十餘年，我陸陸續續也曾在台灣、美國看過幾位眼科門診，他們都一致肯定我的雷射手術做得非常好。我慶幸真的遇到一位醫術精湛、很有名的醫生！

幸福，其實很簡單

美國西來大學創於一九九一年，一九九三年我擔任西來寺住持的時候，和畢業於台大外文系的滿和法師共同努力下，西來大學拿到了I-20的許可，可以正式招收外國留學生，然後展開尋找新校區的工作。西來大學目前的校區，是我帶著師父去探查的，後來由慈容法師完成購買、搬遷的工作。

二〇〇六年，西來大學經過眾人多方的努力，終於獲得美國西部大學聯盟（WASC）的認證。記者發布會的第二天，師父打電話給我，要我接掌西來大學的駐校執行董事，推動大學的發展。我委婉表達三不能：英文不好，不了解美國的大學運作制度，未曾在美國讀過書，不知道美國的高等學府生態等等，師父還是要我負責。當時我還擔任台灣南華大學的執行董事及教職，於是只好太平洋兩岸飛來飛去，直到二〇一五年，WASC給西來大學七年認證資格，我辭退大學職務為止。

WASC雖然給西來大學認證，但不是永久取得資格，二〇〇八年通過書面資料的審核，二〇一〇年十二月，委員們親自到學校來，數天數夜的時間駐校，對各部門進行詳細的評鑑，全校教職員每個人都神經緊繃，做為西來大學執行董事的我，更是時刻都在備戰狀態。另外，國際佛光會世界總會是聯合國非政府組織（NGO）的會員，我身為世界總會的理事，有時還要飛到紐約去關心會務的運作，工作是超乎平常，一股無形的重擔一直壓在身上。

WASC的評鑑結束三天之後，我就生病了。多年來，一直擔任西來寺家庭醫師、肝膽腸胃科的名醫吳尚誠醫師，安排我去掛他哈佛同學的門診，發現我腹部長了六公分大的腫瘤，一定要開刀，並且要化療。我對自己的身體充滿信心，還談笑風生對醫生開玩笑說：「我長到這麼老，連盲腸都沒有割過，怎麼可能會得癌症！」

二〇一一年元月九日，我生平第一次住院動大手術。開刀前，該做的事一樣沒有減少，心情平靜，不覺緊張。開刀前一天，我在電視新聞中，看到企業家林百里先生在談雲端運算的報導。到超市購買住院用品時，看到一張由李察吉爾主演美國版的《忠犬小八》DVD影片，準備送給一位非常關愛流浪狗的師兄。準備就緒，到醫院辦好住院手續，我和另一位照顧我的師兄正在找病床時，一位美籍白人護理師興奮地奔向我們說：「我們雖然是基督教長老醫院，但是我們的病人也有佛教徒，你們是來做心理諮商、心靈輔導的嗎？」我的神色一點也不像病人，長得太健康的樣子，才會被誤認為宗教諮商人士，頓然間對自己的身體信心滿滿。

第一次動這麼的大手術，手術怎麼進行的，我完全不知道，因為人陷入深沉的麻醉之中，所以一個人意志再如何堅毅，都無法抵擋藥物的外力侵入。從恍惚迷離的麻醉中，似醒非醒感受到自己的存在，只覺身體非常地沉重，地水火風中的「地大」往下墜落，肌膚被割裂的劇痛。

唯識思想主張我們的第八識——阿賴耶識，又名藏識，能夠含藏一切萬法的種子，叫做「能藏」；又是萬法種子的含藏所在，是名「所藏」；第七識末那識執取此識為自我，又稱作「執藏」。阿賴耶識說明一切眾生每個起心動念，或者語言行為，都會留下造作的後果業識，當種子識沒有受報前，會貯藏在阿賴耶識的大倉庫中，遇到因緣，就會現行薰種子顯發出來。佛法所言不虛，開刀後的兩件小事，驗證了這個說法。

麻醉藥將退時，我從三十三天天外天回到人間，腦海中第一個閃出的畫面不是佛陀，也不是我的師父，竟然是開刀前一天在電視上見到的林百里先生。在麻醉藥似退非退之際，我還能口齒清晰地說：「我剛才夢見林百里先生在和西來大學談合作簽約。」講完又陷入深沉的昏睡。阿賴耶識的種子薰現行，發生了作用。

朦朧間，感覺自己被推出了手術台，經過走廊，到了一個偌大的房間，裡面有人聲，師兄弟們在病房內。突然聽到慈莊法師呼喚那位對動物很慈悲的師兄，我開口就說：「某某！我買了一片《忠犬小八》的 DVD 要給你。」耳邊響起那位師兄雀躍的腳步聲，直奔我的床前，他大概以為我要告訴他提款卡的密碼。眾人低低淺笑，這個人從生死關前走一回，還在關心《忠犬小八》。阿賴耶識又再度現前，歷歷分明，我又進入暗黑的睡眠。

這次開刀雖然身體受創很大，但是我心境平和，沒有驚怕。讓我深深體悟觀世音菩薩「通身是眼」的法門，六根可以互用。麻醉初醒時，我眼皮千鈞重，眼根根本無法使用，身根被五花大綁，吊了一堆點滴管子，鼻根裝著氧氣，但是全身的皮膚都有感覺，通身都是眼睛，尤其耳根特別靈敏，我用耳朵聽出周遭的人幫我做了什麼事。佛經上說，人在重病乃至往生的那一剎那，諸根已經敗壞，唯有耳根依舊敏銳有作用。

後來我請教吳尚誠醫師，他從醫學的專業角度告訴我：人死亡之際，最後一個有知覺的器官，是腦神經中的第八神經，這條神經是掌管聽覺的。巧妙驗證佛教何以主張臨終要助念，因為耳根在所有器官都失靈之後，依然發揮它使往生者能夠聆聽的重要功能。

吳醫師雖然不是我的主治醫生，但是他實在非常照顧我，不僅為我安排了各科最優秀的醫療團隊會診及開刀。有天深夜，他竟然帶著太太和兒女全家到病房來為我打氣。出院十天後，病理報告應該有結果，吳醫師不肯在電話中透露腫瘤到底是良性或惡性。他語帶保留說：「我到西來寺再告訴您。」見面時還賣關子：「一個好消息，一個壞消息，您要先聽哪個？」我很爽快地說：「先聽壞消息。」因為先知道不好的，再聽好的，就有加分的效果。他悠悠然地說：「壞消息確實是cancer沒錯，好消息是沒有擴散。」我乍聽壞消息時，只是雲淡風輕地「哦」了一聲，心中完全波瀾不驚。吳醫師看著我氣定神閒的神色，趕忙解釋，如果再拖延一個月，我的癌細胞就會如脫韁野馬般擴散出去，無法控制了。所以歸納我的發病真是合乎「天時」，兩件重大工作適時告一段落，有空暇正視病情，在擴散之前好好治療；再說「地利」，恰巧在全世界醫學最先進的美國生病；至於「人和」，就是吳醫師和他安排的醫師群，都是頂尖的專業人選，真的是病得其時其所。

談到後續治療，吳醫師和幾位醫師細心討論之後，建議我做化療，從靜脈中注入藥物。我問他化療有什麼副作用？他說，化療會破壞黏膜組織，產生潰爛、掉髮、嘔吐等症狀。他是肝膽腸胃科的專家，長期照顧我的身體，對我的狀況很了解，我相信他的專業評估。熱烈地來回討論，你一句，我一句，好像在會報別人的事，就這麼的平常心。在一旁沉默許久的師兄慈莊法師突然開口說：「要化療，才能安全無憂。」

決定化療之後，醫院幫我排定十二次療程，分為六個A和六個B的療程。A是個大療程，每次要進行六小時左右，手臂平放單一的姿勢，做完之後，不僅全身虛脫無力，手臂已經麻木沒有知覺。偏偏我的血管纖細，無法一針見血，考倒注射經驗豐富的醫護人員，一試再試，弄得他們頻頻向我道歉。有一天吃早齋的時候，共住的慈莊法師突然掩面而泣說：「那個化療是很痛苦的，我怎麼這麼殘忍叫他去做！」好半天我才回過神來他在說我的情形，我趕快安慰他：「師兄！不要難過，化療沒有那麼嚴重。」事後一想，怎麼是我這個生病的人在鼓勵健康的親朋好友？看來癌症患者的家人，也需要做心理建設。慈莊法師一向很關愛我，聽說我在手術房搏鬥時，師兄們在外面緊盯著螢幕，觀看我的手術訊息，高齡八十二歲的長老師兄慈莊法師拄著拐杖，急得六神無主，來回踱步，一直問：「現在狀況是怎樣？」真是難為他老人家。這次生病，我更深一層感受佛門師兄弟之間的道情法愛，誰說佛門無情？只是「僧情不比俗情濃」，沒有世情的執取不放。

化療不止很痛苦，還造成血紅素和白血球降低，免疫力下降，容易被感染。我要避開感冒的人和各種動物，不能觸摸貓狗，不能拈花蒔草，不能吃生菜，只能吃蘋果、水梨、木瓜、香蕉等四種帶皮的水果。另外還有許多飲食禁忌。蛋白質的攝取很重要，吃素的人可吃豆腐、豆花、布丁等。吳醫師說：最好每天吃兩顆雞蛋，因為雞蛋的蛋白質成分最完美。還有必須吃很多種藥，服藥時間各不同，我非常配合，寫成筆記，按表操課。有許多人好心送了各種秘方，我全部照單全收，但是通過醫生同意後才敢服用，不亂用偏方，所以醫生都誇讚我是個模範病人。

化療隨著療程次數的增加，帶來發燒、腹瀉、全身發癢等種種副作用，癢到想用身體去撞牆。胃口變得奇差，一顆小小的薺菜包子都吃不完。比較明顯的變化是掉髮，連眉毛、睫毛、身上皮毛都掉光，真的是「皮之不存，毛將焉附」差可比擬。十餘年過去了，至今毛髮仍然童山濯濯，稀稀疏疏長不出來。不過對出家人並無影響，至少有兩個好處：一是半年不用剃頭，省卻很多工夫；二來可以減肥，免去因為肥胖帶來的疾病。

比較嚴重的副作用是水腫、血栓。雙腿只能平放，垂直而坐，膝蓋以下馬上變成黑紫色，無法站立。一般人站著擠牙膏、刷牙需要多少時間？我卻連短短的十分鐘都站立不住，必須坐在馬桶上擠牙膏、刷牙，然後以渾身力量短暫地漱口，再趕緊坐回馬桶上繼續刷牙，如此來回。所以化療期間，我就坐在馬桶上刷牙六個月，坐在輔助椅上沐浴了半載。讓我深刻地悟出一個道理：「幸福，其實很簡單！」原來可以站著刷牙、站著洗澡，是好大的幸福！如此平凡簡單、觸手可及的幸福，平時我們往往忽略它的可貴性，一旦失去，才知道簡單其實不簡單。

二〇一一年三月，日本福島大地震，我做完第三大次化療，元氣大傷，在西來寺進行一場佛學講座，每一句話都要擠出渾身力量才能道出，主辦單位不知道我癌症，還要我高歌一曲。五月，為了 WASC 的後續事宜，我和西來大學的校長、教務長等一級主管飛舊金山，接受諮詢。沒想到化療後的不適副作用才真正開始，大腿腫脹得如象腿，小腿則繃腫得好像氣球吹到底，隨時會爆破，拐杖已經完全無法支撐我的身體。回到洛杉磯，被強制安排住院，由於嚴重缺乏鉀，我兩隻手同時吊著點滴，一手打 100cc 的鉀，需要 120 分鐘，打鉀非常的疼痛，又不能太快，以免影響心臟。每一分鐘痛感順著血液流竄全身，我原是很耐痛的人，那種痛如刀割的感覺至今難忘。另一隻手注射藥物，我練就一身功夫，兩手各推著點滴架去如廁，求人不如求己，倒也自在方便。因為腳腫脹得很厲害，我只能穿寬大的布希鞋，最辛苦的是半夜去廁所時，腳一點地，好似黃河原本寬闊的河面，突然集中宣洩於一處，如同一百萬支針同時刺向腳趾，那刺骨的痛筆墨難以形容。另外，黏膜遭破壞的喉嚨如烈火焚燒，吞嚥困難，那一剎那，我真正體會到什麼叫「燄口」。

我沒有讓自己陷在病痛的苦惱之中，我給自己訂了許多功課。上午，誦《地藏經》、持〈楞嚴咒〉、拜《慈悲三昧水懺》；下午，深入經藏，每天定課閱讀兩卷的《大智度論》，六十天把一百卷的《大論》讀完，後來回台灣，為人間衛視錄製一百一十集的《大智度論》佛學講座DVD。另外，大量的閱讀，共讀了二、三十本書，台灣帶來的書看完了，跑去西來寺圖書館悠遊書海。同時重新整理大學授課的講義教材，包括《維摩詰經》和〈六度波羅蜜〉等，把李白、杜甫、東坡、崑曲美學再度爬梳一次，作了筆記。醫生囑咐要運動，我每天走一萬步，每走兩步念一聲佛號，禪淨共修，照顧腳下，念頭跑了，馬上唯識觀照，把心抓回來。達到一萬步時，我的運動手錶會放煙火，表示祝賀鼓勵，倒也不失樂趣！

五月底出院，六月四日我坐著輪椅飛往德州達拉斯、奧斯汀、休士頓，以及佛羅里達州的邁阿密等地，做六場佛學講座。我發現坐輪椅有許多好處，因為我坐輪椅，可以優先上飛機；因為坐輪椅，師兄弟陪我去遊玩迪士尼世界時，可以排在特別行列快速入場參觀；因為坐輪椅，師兄弟們可以隨我在最好的景點處，觀賞精彩的煙火秀。人生境遇的苦樂好壞沒有絕對，端看心如何轉境，心若能轉境，當下便能輕安自在。

癌細胞，很聰明

二〇一一年第一次癌症，動了大手術，之後五年期間，醫生小心翼翼地追蹤檢查，定期去美國抽血驗血、照超音波、斷層掃描。我則海闊天空，飛來飛去到各國去佛學講座，二〇一五年甚至講了將近二百場的演講。兩所大學的校務工作照樣執行，教學上課如常，完全沒有病態。二〇一五年的冬天，我還帶了一群信徒第二度去印度朝禮佛陀的聖蹟，沿路講解佛陀的八相成道，扎扎實實上了一堂「印度佛教史」的課程，大家都為我的恢復健康感到雀躍歡喜。

二〇一六年，我答應佛光山歐洲總住持滿謙法師，去歐洲各道場、佛光會、大學等地巡迴一個月佛學講座，一切準備就緒，預定三月二日啟程。二月二十七日晚上，我到新落成的福國寺演講禪宗，活動要到九點才結束，八點半的時候我突然急迫想去如廁，只好強忍。等到演講完畢，信徒又熱情地和我分享聽法的喜悅，一忍再忍，我去廁所時，已經是「滴水如金」出不來了。當天晚上幾度折騰，只覺肚子很脹，好像石門水庫充滿了水量，就是無法洩洪。第二天適逢二二八，我和幾位同樣得過癌症的癌友——佛光會中華總會副總會長趙翠慧、漸凍人協會理事長劉學慧、現任基隆極樂寺住持妙璋法師，在佛光山福慧家園參與星雲大師「以病為友」論壇。每個人分享各自生病的體驗，說得台下一千多名聽眾又哭又笑，感動莫名。我其實非常不舒服，被押到佛光診所，老醫生說我得了膀胱炎，拿了幾顆藥。到了三月一日，情況實在不對，去義大醫院掛了急診。醫生診斷我腹部積水、有腫瘤幾公分，馬上要住院開刀。我一聽是癌症，心中反而很篤定，因為我有癌症的經驗，何況我的疾病資料都在美國，那裡有非常專業、精湛的團隊。台灣的醫生也贊成我去美國治療，不必再從頭檢查；師父聞知我癌症復發，下令歐洲的執事不可以讓我旅途勞頓，遠赴歐洲；吳尚誠醫師則為我安排好了美國的醫療系統。諸多因緣，三月六日我飛到了洛杉磯，展開了第二度的癌症治療。相對於第一次生病的低調，這次的復發非常高調，全歐洲的師兄弟、信徒都知道了，因為我不克前往演講；全佛光山的同門也震動了，因為師父指示不能去歐洲。

吳醫師以他在美國醫學界累積多年的聲望、醫術、資源，以最快的速度為我安排各科最好的醫生。兩次操刀的醫師 Inn，是 PIH 醫院最優秀的韓裔外科醫師，緊急更換的麻醉醫師也是一時之選。不到一個星期三月十一日，我二度開刀，是平滑肌癌復發，這次割去了盲腸、三十公分的小腸。吳醫師還安慰我，小腸割掉三十公分不礙事，如果割除一百公分就比較危險。平滑肌肉瘤（Leiomyosarcoma）是非常罕見的癌症，它有記憶體，潛伏期非常長，屬游走型，不容易被預測，可能數年後就會復發。這類癌症非常頑固，對化療、放射療法並不敏感，最好的治療方法就是發現得早，在原位小腫瘤時期，就腫瘤部位及連同健康組織進行手術切除。他們打趣我說：「您人很聰明，所以您的癌細胞，也很聰明！」原來「聰明難，糊塗更難」。東坡說：「人皆養子望聰明，我被聰明誤一生。」原來，「難得糊塗」也是不簡單的幸福。

開完刀的當天深夜三點，照顧我的吳秀玲師姑看到我的血壓降到危險臨界指數，趕快打電話給吳醫師，徹夜不敢入眠的吳醫師馬上安排為我注射 1000cc 的血液，那是個美國白人青年健康、充滿活力的血液，所以我現在是「中美混血」的地球人。早上十點，我從混沌的世界醒來，床前站立三位法相莊嚴的男眾：佛光山宗長心保和尚、西來寺住持慧東法師、當家慧浩法師，他們來探視我，見我氣色紅潤，放心不少，其實那是因為我剛剛輸了血，脫胎換骨的原故。

因為一直沒有排氣，腸胃沒有蠕動，連水都不能喝，嘴唇都龜裂了。開完刀第二天晚上，來了一個一百八十公分高、體格魁梧壯碩的男護士，他用一條寬約八公分的皮帶繫住我的腰，像拎小狗一樣牽著我走路，我根本無法抬起步履，只能穿著止滑襪，腳底順著地面滑行。一旁的師姑則扶著點滴架，上面吊掛著點滴的藥水，下面放著輸尿引流管子。五十公尺長的ㄇ字型走廊，走了將近一個小時，真的是舉步維艱，步步辛苦，護理人員的耐煩、慈悲，令人感動。晚上準七點，我終於排氣了，從醫生到護士都齊聲向我祝賀。一個很平常的生理現象，原來如此不容易，人們往往失去了，才知道珍貴。《涅槃經》說：「健康第一貴」，誠不虛假。

病理報告出來，為了安全起見，幾經眾人討論，我要接受一連串的後續治療，包括三十二次的放射治療，加上六次的化療。這些治療方式，殺死一千個癌細胞，同時破壞八百個健康細胞。這次治療的副作用，是不斷地腹瀉。我一天要拉肚子十多回，不斷地擦拭肛門，好比一個人感冒了，不停擤鼻涕，鼻子破皮那種痛，每如廁一次都要忍受切膚之痛。因為胃口不佳，食量小，吃進去的食物又不能吸收，人不敷出，我的體重急速減了十幾公斤，整個人變得清癯枯瘦，小了一號，到現在都胖不起來，都說「千金難買老來瘦」，免了減肥的煩惱，也算一得。當三十二次放射治療、六次化療全部結束的時候，醫院竟然頒給我一張畢業證書，全體護理人員還齊集在病房祝賀我，希望今後不要在醫院再相見，給我一個大驚喜。美國醫院的人性化，護理人員的人情味，令人感動。至今五年了，我的腸子還是經常和我鬧情緒，一個星期總有幾天、一天總有幾回會拉肚子，和馬桶結了不解之緣。醫生說我得了腸躁症，還說一天如果拉三次是正常，三次以上才要吃藥，拉照拉，吃照吃。我則體恤我的小腸，割了三十公分，好比少了三十個工作伙伴，工作加重，難免不愉快，我要和它們同體共生，視病如親。

再度生病，我依然沒有讓自己閒著，每天誦《藥師經》，持〈藥師咒〉，運動照常每日一萬步。雖然我的體質不錯，不過這次疾病氣勢凶猛，真的動到了「老本」，體力不支，勉強讀了十幾本書，撰寫柳宗元、蘇軾、黃庭堅三人和佛教的文學因緣，後來刊載在《不只中國文學家》一書中。只是佛學講座減少了，病後不到十場，是我出家以來說法最少的紀錄。

可以去買樂透了

二〇一七年三月，回到洛杉磯 PIH 醫院，做斷層掃描追蹤檢查，掃描出我的左胸有腫瘤。醫生說其實去年已經發現，今年有長大的現象，為了萬無一失，決定手術切除。從二〇一一年至二〇一七年，六年之間，我得了三次癌症，動了三次大手術，割除了五個器官，不過我的主要器官如心、肝、肺、腎、胰臟等都很健康。報告出來了，醫生說我的癌細胞非常活躍，轉移能力很強，好比性能非常好的車子，任何交流道、任何凹凸不平的路面都通行無阻。醫生開玩笑說，我的命中率怎麼這麼高？可以去買樂透，保證一定中獎。

因為 HER2 癌細胞很頑強，會導致癌細胞快速生長分裂、復發轉移，這次決定施打 Herceptin，台灣叫做標靶治療，好比軍事打靶一樣，專一瞄準癌細胞，加以抑制或破壞它的成長，減少對正常細胞的傷害。它的常見副作用，包括心臟衰竭、白血球降低、嘔吐、低血鉀症、腹瀉、發燒等等。每三星期打一次，一共要打十八次，我在美國留滯了五十四星期，一年多的時間摒除眾緣，專心治病，結束後，我又領了一張畢業證書。隔一段時間要照心臟超音波，醫生誇我有一顆強壯的心臟。我自知有堅強的心念，愉悅的心情。這次沒有給我太大的副作用，只是三年過去了，標靶留下的燒焦肌肉，還深深烙印在身上，久久不去。

生病中，我始終保持一個理念，治療過程信任醫生的專業，絕不另找秘方偏方、中西合併胡亂吃藥；信仰交給佛陀，心中有佛法，不驚不懼；心理建設，我自己來，恰似學了多年的功夫，一時間內力齊發，保持開朗的心境，讀書、寫作、誦經、閱藏、說法。二〇一七年講演五十多場，二〇一八年八十場，二〇一九年近一百二十場，並且為人間衛視錄製九十四集的《星雲大師全集》導讀，後來以《悠遊人間法海》為名，陸續播出。

生病，一大事因緣

佛教三法印之一——諸行無常，說明山河大地有成住壞空的現象，人命有生老病死的輪轉，心識則有生住異滅的變化。老子說吾有大患是因為有「身」，《維摩詰經》對假有的色身有精彩的譬喻：身如聚沫，不可撮摩；身如水泡，不能久立；身如芭蕉，不堅實性；身如幻術，從顛倒生；身如夢境，虛妄不實；身如影子，業緣和合；身如浮雲，須臾生滅；身如閃電，變異不住。四大假合的身體穢惡不淨，雖說人身難得，只是白駒過隙，借住幾載，既有身體，便有老病死生的更迭。維摩菩薩說他「一切眾生病，是故我病」，「菩薩病者，從大悲起」。大菩薩行方便法門，示疾是為了演說大乘頓教，我們凡夫恐怕沒有這樣的境界，生病的原因可能是「從癡有愛，則我病生」。因為根深柢固的我執、我見、我愛，日積月累成為疾病。癌症的原因，除了家族基因，大環境的荷爾蒙改變，心理的壓力也是其中的因素。

有人問我：「你幾次癌症，會不會疑問為什麼是我？你有什麼心路歷程？」我納悶的是為什麼不是我？癌細胞難道會揀擇特定對象？一般人聽到自己被判刑癌症時，會產生震驚、憂懼、憤怒、沮喪，甚至最後會絕望放棄一切治療。我其實沒有什麼心路歷程，只是平常心去對應它，配合醫生的診治，該做什麼就做什麼，所以醫生很喜歡我這樣的病人，可以完全掌握我的病況。

第一次生病，沒有思考到生死大事；第二次復發時，想到如果此時往生了，恰巧和宋代的歐陽修、王安石、蘇軾等大文學家同壽，不失為美麗的死亡；第三次癌症，開始認真去探討死亡的真相，閱讀一些臨終中陰的典籍，從生有、本有、死有、中有，到下一生的輪迴過程，瞭解了死生去來的實相，心中反而很篤定，知道如何善用餘生精進用功，守護六根不退失。《長阿含．遊行經》中，八十歲的佛陀，忍受下痢、腰背疼痛的老邁身軀，三個月中行腳六百公里路，一路還不斷地教化僧信二眾弟子，留下最後的遺教，行至拘尸那羅城涅槃。病中我也效法佛陀，以病為友，以病為親，以病為智慧，從病中體證菩提。星雲大師說他幾次開刀不怕死，只怕痛。三次重症，我也只有病痛，沒有病苦。唯一感到愧疚的是把父母給的「身體髮膚」，如此豪奢地揮霍，都說「父母唯其疾之憂」，父母健在時，子女擔心他們的身體；反之，父母也憂慮子女健康與否？「今日不知明日事，哪有工夫論是非？」一番生死之後，剩餘的生命應該要更凝鍊、更精粹。

現在罹患癌症的發生率非常高，幾乎每四、五個人之中就有一人會得到，大家談癌色變，很多人不是病死，而是嚇死自己。我因為親身經歷致癌乃至治癌的整個艱辛過程，因此面對同樣癌症的有緣人，恰巧可以運用佛教四攝法之一的「同事攝」，同理心了解病人的心境轉折，貼切分享治病的始末，鼓勵癌友怎麼健康地正視病情。我去醫院探望癌症病人，甚至在電話中對素不謀面的患者，給他們信心，為他們打氣，走出生病的低谷陰霾。所以，我深信我之所以一而再、再而三地得到癌症，是一大事因緣，是要實踐佛陀的「同事攝」，現身說法，肉體的癌症不可怕，心理的癌症更不容忽視。

這場病還讓我有一個意外的收穫，三國時代的董遇提倡「三餘」讀書：「冬者，歲之餘；夜者，日之餘；陰雨者，時之餘也。」年關歲末、寂寥夜晚、陰雨時節，或者一年工作成辦，或者不便出外奔波，剛好利用這個閒暇時間沉潛讀書，與聖賢好好對話。我則效法古人，為自己設立了第四餘：「病者，命之餘。」因為生病，沒有體力東奔西跑、承擔重大的工作，可以借此餘裕深入經藏，遊心法海。所以，這世間沒有完全不好的事情，禍福相倚，保持正向思考，縱然生病了，也可以做一個健康的病人、快樂的病人。

從瓦礫中站起

佛陀在《八大人覺經》中說「國土危脆」，又說「諸行無常」。所謂「諸行無常」就是說世間沒有永恆不變的事相，譬如山河大地有成住壞空的現象，人的生命有生老病死的過程，心識意念有生住異滅的變化。九二一大地震所帶來的天崩地裂，滄海桑田，平地成丘隴，印證了「諸行無常」的真實性。

九月二十一日凌晨一時四十七分，我盤腿坐在床上，聚精會神地閱讀論文資料，突然一陣天旋地搖，接著連續不斷的強震，聽了一夜的收音機，此起彼落的大樓倒塌，一顆心就像後來目睹的下陷地表，這是台灣百年罕見的國難浩劫。打了一夜的電話，音訊完全中斷，愈發憂心災區的情況未卜。

率領「佛光山梵音讚頌團」遠赴歐洲巡迴表演的師父星雲大師，從CNN得知地震消息，隨即在瑞典成立救援中心，越洋電話指示在台灣北、中、南設立三個救災中心，依災區的分布，在埔里、中寮、集集、東勢、竹山、霧峰等地，設置二十多處賑災處，總中心則設在草屯禪淨中心，同時在歐洲、美洲、紐澳等地，同步成立救災中心。動員佛光山六百多位法師，集合全球佛光人的力量來賑災，佛光山叢林學院的學生全體停課，南華大學及普門中學的師生及佛光山各分別院道場信徒，共有四萬多人次，全面積極投入如火如荼的救災工作，重要救援措施有：一、對房屋毀壞、無家可歸的災民，佛光山全省各地的寺院，提供暫時性的住宿。台北松山賓館的災民可前往台北道場掛單。二、無電、缺瓦斯、斷炊的災民，佛光山的分別院供應三餐飲食。災民表示這項服務，給予他們很大的方便，每天有熱騰騰的米飯、湯麵，讓他們免除飢寒之憂。設於埔里台糖停車場的救援中心，一字排開的鍋爐，每日供應上千人的飲食，發揮人飢己飢的精神。三、震災中罹難者，佛光山萬壽堂、台北松山寺、大溪寶塔寺、北投安國寺、基隆極樂寺、嘉義圓福寺等地，免費提供靈骨龕位。四、大慈育幼院對於失怙的兒童給予收容。五、為不幸罹難者誦經助念。六、積極展開災民的慰問探訪，協助心靈重建。

救災的工作分為三個步驟：物質的發放賑濟、住屋的安置、心靈的重建。特別是心靈的建設，正是宗教淨化人心的主要課程。首先是搶救生者，台中大坑的蔡秀月師姐被埋在斷垣殘壁中，佛光會員費了九牛二虎之力把她拉出來，一排排的房子，地基隆起兩層樓高，隔壁的黃姓會員一家五口全部罹難。南華大學生死學研究所的學生李慧仁在中寮參加挖掘的工作，從死傷枕藉的瓦礫中挖出一位老翁的頭部，隆起的背部揹著一個稚齡的小孩子，右手牽著和他走過一世情的老嫗，鶼鰈情深，至死不捨。更有的是一家人緊緊相擁在一起，父母鋼鐵般的手臂環抱著受驚的稚子，雖死也無法撥開愛的雙手。霧峰有位師姐，在天崩地坼的強震中，天花板迎面倒下，壓到了堅實的衣櫥，情急中稱念起「阿彌陀佛」的佛號，驀然靈光乍現，憶起自己平日將手電筒放在佛像下面，黑暗中費力摸索，找到了小小的手電筒，憑藉微弱的光線，四壁都被堵死，只有一扇小小的玻璃窗，丈夫以手為槌，奮力敲破玻璃，一家老小七口逃出頹危的房子，額手慶幸菩薩救了他們。有位信徒住在松山賓館，先生前往大陸出差，自己到美國辦事，家中僅留兒子。九二一的凌晨一點多，兒子飢腸轆轆，想到幾步之遙的夜市吃宵夜，又擔心父母會打電話來查勤。轉念一想，父母一在中國大陸，一在美國大陸，何況又是深夜，幾經思索猶豫，最後還是決定乘電梯下樓去吃東西。當他步出大樓幾公尺，眼睜睜看到大樓如泰山崩塌，轟然如雷響倒在他面前。憂心如焚的母親幾小時後，聽到兒子報平安的電話，恍如隔世一般。而凌晨一點，有人走進大門，搭乘電梯，投宿上面的賓館，趕赴一場驚心動魄的劫難。一進一出之間，劃出截然不同的境遇，人的生死，有時就在一念之轉。

災情傳出之後，十方的賑濟物品如潮水般湧向災區，有些地方由於沒有好好的收放管理，善心人士的賑濟物品像垃圾般被擱置在路旁，既浪費了資源，食物一旦腐壞，反而成了另一種環境污染。我們決定放棄居高臨下的優勢定點，在東勢河濱公園，搭建五千坪大小的臨時倉庫，把一百多輛貨櫃的東西加以分類倉管，舉凡日常生活用品之多樣，應有盡有，足足有三個萬客隆賣場的存量，可見台灣社會強旺的生命力，老百姓民胞物與的愛心，更可了解台灣人生活的富裕與複雜化。後來各慈善團體漸次退離東勢，軍方來接管我們的救援站，災民拉著佛光會員的手，要求我們不要走，他們認為有佛光會黃色背心的地方，就能得到賑濟。看到他們茫然無助的眼神，我們有深深的不忍與心疼，決定留守到最後，並且認養林務處、東信國中等災民收容中心，為他們做生活的照顧及心靈的重建工作。

在急如星火的救災工作中，我們看到了人性的各種面目。設於南投縣政府廣場的救援站，堆積如山的物資，蜿蜒嘈雜的災民搶著等待賑濟。隊伍外有一位少婦左右手各牽著一個小孩，天真無邪的臉龐不知人世的苦難。工作人員向少婦招手，請她來領東西。年輕媽媽客氣地只要了一罐奶粉，工作人員給了她二罐，另外送了一些生活必需品。她滿心歡喜地掏出一個小皮包說：「我的房子全毀了，我只剩下三百元，感謝你們的慈悲，我要捐獻二百元，留下一百元做為重整家園的基金。」我們動容地接過她大如須彌山的布施，對於天天來領賑濟品的災民，有一份同其情的包容。心中有愛，就有希望；信心不失，便能卓然再站起來。

除了定點救災中心之外，我們借來十多輛四輪傳動及箱型車子，分組到偏遠的村落賑災。冒著砂石滾落的危險，地毯式地走過二十二個鄉鎮，一百二十五個村莊，一百三十多座寺院，走到震央所在地的九份二山。住在震央國姓鄉北山村鳳鳴巷十七號一戶之隔的徐明旺，告訴我們天地變色的剎那一刻，石破天驚，房屋猶如被刀削似地震飛到對面山上，他如何勇猛地將夾於石壁的叔叔，用繩索綁綑在自己背上，彷彿動物一般，以四肢爬行方式揹下山來。困阨山中，斷炊多日，終於盼到第一個深入震央區的佛光賑災隊伍，感激萬分，表明只要有需要他們效力之處，一定來做義工。新山村原來住有一百多戶人家，地震後山勢移動，房屋嚴重龜裂，幾乎無一倖免，村民只好拋棄家園，暫時避居至水里蛇窯的一處檳榔園。人去鳥絕，留下空蕩蕩的村莊無語地面對滿目瘡痍的青山。救援隊找了幾天，終於找到了失落的新山村民，送來米、油等生活用品，解決斷糧的問題。佛光山的法師們離去時，善良的村民還排著整齊隊伍，謙恭有禮地送行。

地震使得道路坍方，地層下陷、隆起、扭曲、斷裂，險象環生，怵目驚心。白天救援小組彷彿放出線的風箏，各自深入山間救援，身為總指揮的自己，提心吊膽坐鎮總中心，不佳的天候，深怕土石流的崩落，困住了師兄弟們對災民的愛心。消息傳來，師兄弟有受困於草嶺的滂沱大雨，自己反倒成了災民，接受佛光會熱騰騰泡麵的賑濟；有車子四輪騰空，奮力衝出泥濘的河床，在通訊不好的荒山惡水中，用心撥電話報平安。我站在草屯禪淨中心門口，暮色蒼茫中，一隻一隻的風箏收線返還，我深刻地體會父母倚門倚閭的那份牽念情懷。行路雖然困難，賑災的工作卻不能耽誤，我們決定找海鷗部隊幫忙。

十月一日，裝滿帳篷、睡袋、米、罐頭、乾糧的卡車隊伍浩浩蕩蕩開往台中清泉崗，承蒙海鷗部隊的善心，支援我們兩架飛機，一共出航七次，前往鹿谷鄉鳳凰村、仁愛鄉萬豐村、親愛村、永珍村、谷關等地做著地震賑災。谷關有八個救援小組及大批媒體守候在那裡，因為有攀登百岳的優秀登山隊伍困在中橫生死未卜，他們要我們提供生命測試器、導引犬、屍袋的支援。我帶去了三十多個屍袋，衷心祈求只是備而不用，但是不幸消息傳來，十五位登山者並沒有逃出厄難。我們也為救援中心人員帶去了新鮮的蔬菜，感謝他們不眠不休的賑災辛勤。

海鷗風姿英挺，彷彿大鵬展翅，扶搖直上雲端。我們沒有風馳電掣的愉悅，腳下原本層巒疊翠的美麗山河，被摧殘得面目全非，林木蓊鬱的九九峰，童山濯濯，攤成一片滾滾的黃土，讓人不能不歎服大自然的威力。我們要到萬豐國小去賑災，飛機試著在一個小學的操場降落，螺旋槳的強大風力，捲起漫漫塵沙，天空剎時一片焦黃，彷彿置身黃土高原。幾度在空中盤旋，最後迫降在永珍村一條乾涸的河床上，高過人身的蒹葭叢裡，四面八方竄出輪廓鮮明的原住民同胞，對著我嘶吼。震耳欲聾的螺旋槳聲中，無法聽清他們說什麼，從掀動的嘴角大約可知自從大地震以來，他們完全受到忽略，沒有任何的救援，我答應下一梯次一定來施放賑濟品。災民把我團團圍住，飛行官深怕會出事，頻頻催我上飛機，腦際突然浮起吳鳳的故事，有了慈悲，就沒有畏懼。飛機再度降落在萬豐國小，早有一群大大小小的原住民在等候，學校建築毀了，但是孩子們無憂無慮的笑靨卻壓不扁。我隨手摘取一根樹枝，向他們要了一個茶碗，倒入大悲咒水，為臉上寫滿驚惶的災民甘露加持。然後趕緊返航，希望搶在山嵐升起之前到永珍村去賑災。

飛行官放棄休息，發心載我們做一場航行計畫外的賑濟工作。起航的時候，晚霞的餘暉照在山巒，嶙峋聳峙的岩石也有一種柔和的美。我們在永珍村只做了十分鐘的停留，迅速地返航，但是山間已經瀰漫蒸潤的夕嵐雲霧，真是「瀑布杉松常帶雨，夕陽彩翠忽成嵐」。自然的善變奧妙，就像人類心念剎那生滅。前程茫茫，頓時不知方向，只見帥氣的女飛行官一面沉穩地駕駛著飛機，讓海鷗振翅高飛，以免撞到山嶺，一面翻閱一張一張的地圖，希望找到歸途。突然飛機的左翼嚴重傾斜，向下急墜幾公尺，機上的大家都噤若寒蟬，心想：不會救災戶也變受災戶了吧！過人的膽識，老練的技術，飛機終於安全降落基地，震天螺旋槳聲中，我向四位飛行官豎起大拇指，致上深深的敬意與謝意，結束殊勝稀有的空中救援任務。

世紀末的大地震，讓多少人骨肉生離死別，家園破碎流離失所。震災後，除了物資用品的賑濟之外，災民面臨的是暫時棲身的居住問題，睡袋、帳篷一時成了搶手的東西，台灣的帳篷、睡袋被搶購一空，國際佛光會世界各國協會發揮了國際奧援的功能。泰國、香港、加拿大、菲律賓，甚至中國大陸深圳的華僑、台商共提供了七千五百多個帳篷。為了達到物盡其用的效果，白天我們忙著發送各色各樣的日用品，夜晚則開車載著睡袋、帳篷，巡迴於東勢、中興新村等災區，有些災民餐風露宿睡在冰冷的水泥地上矮樹叢裡，秋露凝冽，完全沒有遮蔽，有些小孩子的身上、腿上布滿蚊蟲叮咬的紅腫，我們輕輕搖醒酣睡中的災民，為他們搭上帳篷，鋪好睡袋，送上我們最直接的體貼之情，讓他們圓個溫暖無驚的美夢。有個中年婦女告訴我們，她的家兩度毀於祝融之災，她在浴火中奮力站起，剛剛整頓好家園，卻第三度夷於震災。雖然疲累，她打算從絕無僅有的小小帳篷中再重建家園。帳篷雖然解決災民一時的居住問題，但是碰到強風大雨，終究不是長久之計。有一次，我們正在中寮國中發放物品，忽然雷電交加，大雨傾盆倒下，我站在雨中無語問蒼天，台灣人的苦難沒有完了的時刻嗎？難道上天對於慘絕人寰的震災也泫然涕泣，淚雨滂沱嗎？我祈求傷心的老天爺不要哭，因為他的淚水將溼透災民的棉被、睡袋、帳篷，今夜恐怕要置身泥沼之中了，師兄弟把我拉進帆布下躲雨，分不清臉上究竟是雨水還是淚水。佛教有位菩薩叫大悲觀世音，原來祂所悲的是大眾的疾苦災難啊！

集集大震中，有多少人埋身於傾頹的大樓下，裂骨於沉重的鋼筋中。佛光山叢林學院的學生加入搬抬屍體、擦拭屍體的工作。平時所受的生死學課程派上了用場，為驚嚇的亡魂虔誠地助念，為猝然面對死者的阿兵哥們開導死亡的尊嚴，慈悲幫助受難的亡者，必然會得到亡者善意的庇護回報。我們進出死傷慘重的中寮、東勢，對於濃烈的屍臭已經習以為常，練就敏感的嗅覺，可以馬上聞出哪裡還活埋著尚未被救出的亡魂。

九月二十三日，佛光山二百多位法師到了南投殯儀館，庭園內堆滿冰櫃，冰櫃內層層疊疊躺著一具一具的屍體，冰櫃不敷使用，有的屍體只好放在禮堂內，薄薄的一張草蓆上躺著來不及醒過來的生命，陀羅尼經被蓋住了他的臉龐，卻蓋不住他淤青、沾滿泥土的雙足。我囑咐站在他腳邊的師兄弟，不要碰觸到他，讓他安詳沉睡。大禮堂的四周排滿桌子，桌子上是一張一張的牌位、亡者相片、香爐，桌前是一張一張茫然哭乾淚水的家屬臉龐，庭院內乾冰、檀香裊繞，屍臭味、檀香味交織成一股奇異的氣味。二百多位披搭袈裟的法師念著阿彌陀佛的聖號，逐一引導著孝眷捧著二百位亡魂的牌位進入禮堂，莊重地放置在靈前。有的人家中有五、六人罹難，只好用托盤裝著牌位一併捧進來，令人為之悽惻悲愴。由於災區停電停水，只好將遺體運送至高雄等地淨身、火化，佛光山的法師們從九月二十九日至十月一日，每日凌晨二時，為亡者誦經一路護送他們到火葬場，荼毗後再返回南投、台中。而大大小小的超薦助念、公祭佛事，幾近一百場。

臨危受命，一肩擔起佛光山賑災總幹事的自己，常常被問到佛光山究竟做了些什麼賑災工作？面對如此的問題，實在不忍回答。我們可以條列一堆輝煌的數據：我們提供了一萬多個睡袋、一千多條棉被，表示有許多災民受凍；我們捐贈了七千五百多個帳篷、一千二百棟貨櫃屋、二百多戶組合屋，表示有多少人無家可歸；我們籌措了一千口棺木、三千多個屍袋、一百多個靈骨塔位，表示有多少人喪身失命；我們供應二千多位孩童的營養午餐，認養三所全毀小學的重建，購贈數百個黑板、白板及臨時教室，表示天真可愛的孩子不能無憂無慮地接受教育。我們施賑上百卡車的水、米、鹽、油、麵等等的食物，表示富裕的台灣有多少人在挨餓。……把自己假相的成就，建立在別人的不幸、苦難之上，我們有承擔不起的不忍、不堪、不願。我虔誠祈求安樂富有的台灣，不需要過度活躍、興盛的賑濟活動。只要台灣有一天還需要賑濟工作，就表示台灣人民離苦難未遠；如果台灣有朝一日不再有被救災的需求，那麼，我們的國家、社會就是當前的極樂世界、美麗樂園。

與無常擦身而過

人生到處知何似，應似飛鴻踏雪泥。
泥上偶然留指爪，鴻飛那復計東西？
老僧已死成新塔，壞壁無由見舊題。
往日崎嶇還記否，路長人困蹇驢嘶。

——蘇軾〈和子由澠池懷舊〉

東坡這首寄給弟弟蘇轍的詩，既抒寫兄弟初次離別的深情，更是對人生飄忽、虛幻、無常的千古名唱。

一九九六年底，不得不有美國之行，臨出國前，一連串的會議、演講、錄影、撰稿，把自己忙得夜以繼日、焚膏繼晷，不知今夕是何夕？十二月二十三日，會議結束，在台北道場向師父告假，調皮成性的習染，脫口而出：「師父！再見！我要到西方極樂世界去了！」現前一段西來意，把西方的洛杉磯西來寺譬喻成極樂世界，不禁為自己的靈敏善喻得意歡喜，然後帶著疲憊的身體登上了飛機。

耶誕節前夕，不少人要趕回美國度假或團圓，班班客滿，好不容易拿到經濟艙的一個位置，不巧被擠在中間，動彈不得。雖然由台灣去美國是順風飛行，但是十二個小時的旅程，被侷促在如彈丸的椅上，行不得，躺不能，滋味的確不好受。

空中小姐遞給了紙巾、果汁，用過了晚餐，一陣忙亂後，機內的燈光熄滅了，電視螢幕上的警匪槍戰影片正如火如荼地進行，千斤重的眼皮，再怎麼精彩的畫面也引不起注意。我解開安全帶，把椅子放平，調整觀處自在的心境，準備好好地補足連日來的睡眠。

濃濃的睡意，淹沒了躍動的思惟，意識逐漸進入了虛無飄渺的空靈世界。正在似睡非睡之際，突然飛機如一片飛絮，急速地向下墜落，彷彿要墜往無底闇暗的黑洞，然後機翼如鳥之雙翅，吃力地奮翮向上一振，旋即又加速度的下墜、下墜……。靜謐的機艙，熟睡中的旅客，毫無心理準備之下，受到亂流的強烈推擠、曳引、拋擲，一機的人發出排山倒海、驚天地泣鬼神的尖叫。一陣驚魂甫定，突然再度更強烈的氣流，飛機彷彿一片衝浪板，乘波破浪，滑下海灘，高高衝浮海面，又重重被拋下不可測知的海底世界。下墜、上揚、下墜，一波三折，前後相繼不到五秒之間，連緊扣安全帶的警示燈都來不及亮起，機內掏肝裂肺的嘶喊聲，劃破寂寥的天際，譜成共業的命運交響曲。

我從恐懼的震動中驚醒過來，似真似假，如夢如幻，趕緊扶正椅背，扣上安全帶，腦中閃過一個念頭：「趕快念佛！」彌陀聖號不假思索地由口中誦念出來，第二個念頭如電光石火般竄出：「念阿彌陀佛是求自己往生西方，此時此刻誦念觀世音菩薩可以救苦救難，庇佑全機大眾的安全！」轉念一想，我取下手上的念珠，專注一境，以全生命的力量，火中化紅蓮，以飛機為道場，全神貫注的稱念觀世音菩薩。當時手中如果有木魚、引磬，說不定全機的人都會跟隨我虔誠誦念。

飛機繼續激烈地搖盪，我突然想起臨別時對師父所說的話，難道一語成讖？我真的要到西方極樂世界去了嗎？妄想乍起，趕忙攝心正念，發大願心，請師父住世度眾，我當效法道信與弘忍師徒三世因緣，即時再來轉世成為他的弟子。心想：如果真的墜機空難，身上應該放置信物，以便救難單位容易辨認身分。我看看手錶，飛機飛行三個多小時，正在日本上空，太平洋上，果真發生空難，勢必纖髮不留，既從虛空來，還滅虛空去，塵歸塵，土歸土，隨他去，隨緣自在。如此一轉，如亂流般虛妄紛飛的念頭，突然止靜了下來。原來墜機空難的人，面對無常死亡的那一刻，是怎樣恐懼、焦慮、害怕、不甘的心情！

檢視自己的念頭，剎那之間，一念三千，如同機外飄浮多幻的雲朵，變化莫測。平時如何照顧心念，使它念念與正念相應，臨危不亂，是一門生死攸關的功課。

十三歲那年，奉母命探望遠嫁平溪鄉菁桐坑的大姊。到菁桐坑要在三貂嶺轉小火車，由於是支線小火車，一日班次有限，錯過了車班，往往要等候二、三個小時才有車子可搭。星期假日，宜蘭往台北的平快車，班班擠得像沙丁魚。我拎著小包袱，吃力地擠出人潮，抬眼一覷，不得了！對岸月台上的小火車已經不耐煩地喘著白氣，蠕動著車輪，像隻剛睡醒的多足蜈蚣。我精神一振，以飛躍的羚羊速度，跨越過兩座月台，一把捉住火車的鐵環，企圖攀登高及胸口的車廂。火車慢慢地加快速度，我卻執著抓住車把不放，我的雙腿騰空踢踏，彷彿初次學習游泳的人踢水前進。火車發出「嗚」的長鳴，把我拋擲於幾公尺之外，得意洋洋地揚塵而去。

我聲嘶力竭地大喊一聲：「媽！」臉朝下，整個人趴倒在鐵軌上，耳畔響起銅錢撒滿一地叮噹的清脆碰撞聲，沉沉的暮色籠罩著闃無一人的火車站。約莫過了十幾秒鐘，我從無意識的空白世界回到了人間，身上灼熱的傷痛讓我感受到自己的存在。我走到水龍頭前，用水洗滌沾滿泥土的傷口，血汩汩地流。蒼茫昏暗的夜色裡，我睜大雙眼吃力地尋找車票、零錢，拾回包袱。然後枯等了近三小時，搭乘最後一班火車，再走過一段蟲鳴唧唧的山路，抵大姊家已經晚上十一點多了。

經過多年佛法薰習的今天，返觀當時追逐火車的驚險遭遇，有許多的感受覺知點滴在心。從小和父親就無話不談，雖然年齡相距半個世紀，卻能以心印心，分享彼此不同世界的美麗經驗。兄姊們常說父親和我們與其說是父子，不如說是忘年之交的朋友更為貼切。自以為在生命最艱難困頓的時候，首先想到的一定是父親那強壯、慈愛的庇護，為什麼我在生命垂危的那一剎那，卻毫無意識分別地呼喊：「媽！」從聲韻學上的發聲部位來看，也許「爸」是濁音，比較難發聲，「媽」是輕音，容易發音，小孩子啞啞學語時，大多先會喊「媽！」但是真正的原因是母親為孕育一切生命的根源，臍帶剪斷了肉體的相連，但是剪不斷的是母子血脈相承的生命因緣。平日的呼爹喚娘，是有心有為的了別意識活動，面對無常生死的那一剎那，人是那麼地無力無助，日常的伎倆一點也使不上力，所憑藉的只是原始的本能生機，以及無始以來不斷習染的業力。

佛經上說：人往生或隨重者報，或隨習者報，聖賢則隨願轉世。意思是說隨善業或惡業那一方牽引力量大，而受報輪迴。如果善業重的人就往生三善道，反之則流轉三惡途。另外，人也隨著習氣而受報轉生。譬如梁武帝的愛妃因為瞋習重而投胎為蟒蛇；佛世有一人因為貪習重，捨不得妻子而受生蟆蝩蟲，長住在妻子鼻子內。

譬喻經上又說：眾生愚癡，落水要命，上岸要錢。自己不顧身上的疼痛，急忙罣礙身外的財物，不正是如此的寫照嗎？如果我們把煩惱的習染改為念佛的習氣，二六時中把一句「阿彌陀佛」念得非常熟稔，說得非常順暢，念得非常通達，念成一種習慣力，八識田中充滿彌陀聖號的種子，就好像嬰兒呼喚母親一般的自然本能，一旦碰到無常的亂流，佛號不假思辨覺知，本能地就從清淨性海中源源流出。

《阿彌陀經》說，我們平時就要執持彌陀名號，臨命終時，要能一心不亂，必能往生西方極樂。所謂「臨終一念」，就是沒有分別的真心，不假思索較量，像自己思考究竟念彌陀還是觀音、身上要佩戴什麼辨識物，都屬於第二念，雖然不是惡念、邪念，但還是動盪的妄念。

人的念頭比聲音、光線速度更快，力量更大。天台說一念三千，華嚴則說法界緣起。佛經說念力不可思議，我們除了念佛、念法、念僧、念戒，更要念無常。「諸行無常」，是三法印之一，念死力大，徹底體悟無常，覺了人命在呼吸之間，必能珍惜生命，把握每一個當下，凝聚生命的智慧，不做無謂的浪費。

二星期之後，我循著原來航線，從洛杉磯回到了台北，一樣又碰到了亂流，但是我已經有了準備：「貪生不怕死。」飛機的輪子奔躍於中正機場的跑道時，我歡喜感恩地對自己說：「終於與無常擦身而過！」生命真美！

人身難得，熱愛生命

佛教曾提到人生有幾種稀有難得的事：人身難得，佛法難聞，佛世難逢，善知識難遇，中國難生……，其中的「人身難得」，要我們珍惜生命，愛護生命，發揮生命。《雜阿含經》有一則盲龜浮木的譬喻，最能表達佛教的生命觀。在一望無垠的茫茫大海之中，住了一隻雙眼失明的烏龜。在漆黑的深海裡，盲龜每經過一百年，才有機會浮出廣袤的海面，呼吸清涼的和風，嗅嗅鹹鹹的海味。白浪濤濤的大海中，飄蕩著一根長長圓圓的浮木，浮木的中間挖有如龜頭般大小的洞孔。亙古洪荒以來，浮木隨著波浪忽東忽西，載浮載沉。當每一百年才浮出水面一次的盲龜，牠尖尖的頭恰巧嵌入浮木小小的洞穴時，烏龜便能重見光明，獲得人身。佛陀說：「得人身如爪上泥，失人身如大地塵。」保有人身的概率是如此的微乎其微，一旦擁有了生命，怎能不善加珍護，盡情揮灑！

佛教主張眾生有六道，六道之中以人最為珍貴。天神雖然身像高大莊嚴，享樂豐富，壽命長久，但是一旦福報享盡時，仍然要墮入輪迴，不及出生為人的記憶力強，懂得修持梵行，勇猛精進，能夠時時更上一層樓，提升自己的生命。人是六道的樞紐，向上一著，可以獲得天神果報，甚至成佛作祖，實踐菩薩道，反之，如果荒誕懈怠，也有可能落入地獄、惡鬼、畜生三惡途。因此，能夠擁有寶貴的人身，不僅不能任意加以戕害，更要善加愛護運用，發揮生命的潛能，做一隻已經開眼的靈龜。

佛教的三法印之一，諸行無常，說明世間沒有永恆不變的事事物物，有生必有滅，有生必有死，變是永恆不變的真理。我們生存的山河大地一器世間，有成住壞空的變化；有情眾生的生命，則有生老病死的現象；我們的念頭剎那生住異滅，比電光石火還要迅速。花開花謝，月圓月虧是諸行無常，但是「太陽下山明朝依舊爬上來；花兒謝了，明年還是一樣地開。」也是一種無常。輪迴，讓不夠完美的生命，有彌補缺憾，再創新機的可能。無常，讓我們更珍惜每一刻的當下，活出自覺與自主。

一日，佛陀在精舍和一群弟子進行一場精彩的生命對話：

「生命有多長久？」佛陀問一位弟子。

「生命如龜年鶴壽，可以有幾十寒暑，乃至上百歲。」

「你對生命只知道皮毛。」佛陀淡淡回答，轉頭再問另一個弟子同樣的問題，弟子說：

「生命如春風秋月，與草木一樣，一歲一枯榮。」

「你對生命掌握至肌肉，仍然不夠徹底。」

「佛陀！生命似蜉蝣，朝生暮死，不過一夕之間。」

「你對生命已能鞭辟入裡，了解至骨骸，可惜尚隔一層。」佛陀語音甫落，一位弟子從做中起立，安詳合掌當胸，語驚四座，徐徐說道：

「佛陀！生命就在呼吸之間。」

「善哉！善哉！你對生命的體悟已入精髓。」佛陀無限期許地俯視著弟子們。

世間忍寒、忍餓、忍貧、忍苦都容易，就是一口氣不能忍。人活著常常為了爭一口氣，而引發不可收拾的紛爭，釀成無法挽回的憾恨。一口氣真的那麼難忍嗎？人生究竟要爭一口什麼樣的氣？是非、對錯、榮辱、毀譽，其實都是過眼雲煙，沒有永恆不變的境遇。人生要在意的是脈搏尚在跳動，三吋之間的呼吸鼻息。一口氣不來，任何遠大的理想抱負都無法實現，身軀雖然是四大和合的假有，但是借假才能修真。人身雖然如此的脆弱，成佛作祖是它，作惡沉淪也是它。

佛經有一則譬喻說：有兩位出家人結伴而行，來到塚間，有幾具屍骨曝露其間。一人對著一個屍體散花焚香，恭敬禮拜，旁人不解，問他為何頂禮死屍。出家人說：「這具屍體是前世的我，藉著他行善修福，又能夠發菩提心出家，積聚功德，享受人生至樂。這一切都應該感謝前世的人身，所以要虔誠地膜拜。」另外一人則對著一具屍骸鞭打起來，大家趕忙來勸阻，並且詢問原因，此人悻悻然說：「這個屍體正是我的前生，我雖然能夠出生做人，卻仗恃小聰明胡作非為，因此而墮入輪迴，今生才好不容易再度為人，怎不痛下鍼砭，戒慎警惕！」有一句話說：「今身不向此生度，更待何生度此身。」人身一場，稀有難得，要充分認識自己，開發自己，活出自我的價值，活出莊嚴的自主。宋朝大文學家蘇東坡在杭州為通判，一日觀錢塘潮，有感而發，寫下〈南歌子〉一詞：

苒苒中秋過，蕭蕭兩鬢華，寓身此世一塵沙。笑看潮來潮去了生涯。

方士三山路，漁人一葉家。早知身世兩聱牙。好伴騎鯨公子賦雄誇。

歲月流逝，草木衰老，兩鬢白髮如霜，人生如飄蓬，暫時寄住於娑婆，渺小如恆河一粒塵沙，應該學習錢塘潮，捲起、奮力、衝激，全力衝向岸邊，活出全面的自己。人活著貴在善用長，藏拙補短。假如嚮往神仙之道，就要把蓬瀛之路找好；假如適合漁樵江湖，就應該準備好一葉扁舟。東坡自言早知自己不適於官場的爾虞我詐，彼此爭鬥，應該效法李白寫下留名千古的曠世詩章。有的人拙於言辭，卻喜在人前高談闊論，強做解人；有的人不善領導，卻偏偏歡喜站立舞台，號令群眾。認清自己的長才，發揮自己的生命才性，適性發展非常的重要。

華嚴思想「一乘十玄門」的「主伴圓明俱德門」主張不必凡事皆為主角，譬如眾星拱月，有最佳男女配角，才能烘托、成就最佳男女主角，有主相伴，相得益彰。紅花因為有綠葉的襯映，才顯得嫣紅豔麗，因此陪「伴」的角色，正所以凸顯「主」體的必要條件。

星雲大師提倡的「老二哲學」，其實就是要每個人守分際、盡才性，不必強出頭，老大有老大的責任，老二有老二的逍遙，彼此尊重，相即相成。人因為時空的不同，角色也有或主或伴的多元變化。譬如一個女子，她可能是女兒、姊妹、妻子、母親、主管、部屬的多重身分，當我們強調她是母親的「主」要形象時，其他的屬性則成為「伴」的次元。不管是主是伴，既然能夠出生為人，就要把人的角色好好扮演，為自己贏得一項最佳男女主角的獎座。

輯四

一念淨信

恆常心

在《百喻經》有一則故事：有一個國王，王后為他生了一個晶瑩可愛的小公主。小公主有烏黑的頭髮，清澈的眼睛，天真無邪的笑靨。國王對小公主真是疼愛極了，捧在手裡愛不釋手。小公主雖然美麗可愛，但是長得實在太小了，不知道什麼時候才能長大成人？

焦急的國王於是把大臣們集合起來，希望有人能夠提出讓公主一夜成長的妙方。有一位聰明的大臣終於找到了快速成長的良藥，但是當公主在服用藥劑的時候，不可以見到任何人，特別是不能和國王見面，否則便藥石罔效。國王高興極了，賞賜大臣許多的金錢，並且答應服藥期間不和公主相見。大臣於是把公主藏匿在人跡罕至的鄉村，然後帶著國王的厚賜，快快樂樂地周遊世界。九年後，帶著已經長大的公主去見國王說：

「大王！我終於找到讓公主一夕長大的靈丹妙藥，你看！公主不是一眨眼工夫就長得亭亭玉立了嗎？」

這則譬喻正是當今社會人心的寫照，也是對時下佛教青年通病的鍼砭。大師在他的演講集〈青年之病〉一文中，曾經提到青年的毛病之一「不耐煩而無恆」。有許多青年到佛門來學佛，總希望迅速有成，三至四年的佛學院教育，對他來說已經是漫長地等待。其實，這不正是現在社會的潮流趨勢嗎？

工業資訊的時代，一切都講求效率速成，三餐飲食由過去的烹調燒煮，變成漢堡快餐的速食文化；出門以汽車、飛機代步，並且講求電光石火的速度；日常生活也逐漸為快速的機器所代替，洗衣用洗衣機、烘乾機，洗碗用洗碗機，千里傳話用電話、傳真還不夠快速，因此呼叫器、行動電話隨身帶，人和機器文明進行一場速度的追逐戰，人失去悠遊逍遙的心靈空間，人與人之間的交往也失去了守望相助的情誼，社會變成功利色彩的社會，影響所及，宗教界也瀰漫一股「即刻成佛」的歪風。

經上說：「百劫修相好，三祇修福慧。」又說成佛要三大阿僧祇劫，無上正等正覺妙果的完成，也要經過十信位、十住位、十行位、十回向位、十地位、等覺位、妙覺位的五十二位次第。但是現代的眾生一聽說成佛要歷經如此漫長的歲月，早已退失菩提心了。其實歷代的高僧大德他們都經過養深積厚、縮小自己的訓練，日後才能擴大自己，服務一切眾生。譬如佛陀這樣一代的聖者，也要經過六年的雪山苦行，才能有菩提樹下金剛座上的開悟。慧能大師得到五祖弘忍的衣鉢傳法之後，尚且在獵人群中隱居長達十六年之久；而他的深契祖心，則緣於在舂米房中的苦行修持，日後才能舂出他的佛性。南泉普願禪師得法於馬祖道一禪師之後，掛錫於池陽南泉山，每日披戴簑笠，混跡於樵牧之間，砍柴耕田，足不下南泉山達三十年之久，人稱南泉古佛。東晉慧遠大師，遭逢亂世，依從師命帶領一群弟子隱居廬山，聚眾講學，維繫佛教的慧命於不墜，身不出廬山達四十年，留下虎溪三嘯的佳話。唐朝慧忠國師年輕時，到黨子谷中修學參究，四十年不離黨子谷，後來終於成為一代國師，緇素尊重。其後更有香嚴智閑守住他的舍利塔，因石擊竹而開悟的公案。唐朝神鼎禪師年輕時隱居於南嶽二十年，方才出岫廣化眾生。浮山法遠禪師尋師訪道，雖被拒門外，甚至被潑冷水、苦役作務，毫無怨恨之心，最後終於能夠荷擔如來家業，駐錫一方。玄奘大師深感佛教經典不能流傳中土，冒著官兵追趕的危險，跋涉八百里流沙，發廣大願：「寧向西方一步死，不回東土一步生。」西去天竺十七載遍禮佛陀聖蹟，取回佛教經論，華氏城中論戰各大論師，揚威印度西域，為我佛教之光。唐朝大隋禪師為了僧問：「劫火洞然，這個壞也未壞？」禪師順口回答：「壞！隨他去。」千山萬水、萬水千山參扣答案，而留下「一句隨他語，千山走衲僧」的美談。這些高僧大德的例子，給我們至珍至貴的啟示，在求法修行的路上，不求一日之間馬上成就，要發恆常心，鍥而不捨，每日有所長進。

《莊子．逍遙遊》一文中，曾記載一精彩譬喻，有一大魚名曰鯤，其身巨大，深潛海中。鯤潛藏於深海之中，牠不斷地沉潛，養成自己，有一天，終於衝出海面，展翅高飛，成為一隻巨大的鵬鳥，光耀日月。成為大鵬固然是吾人所希望的，但是實踐鯤魚的幽潛，更是不可或缺的成功要訣。我們的肉體色身尚且需要數十寒暑的食物滋養，才能成長有力，縱然行弱冠之禮，也要二十年的光陰，何況佛學慧命，乃千載億劫的功行，怎麼可能一夕完成，一蹴可幾呢？十年的樹木，砍伐下來，充其量只能用做門檻、窗櫺的用途；百年以上的神木大樹，才能做為棟梁之材。學習世間的技藝，快則三個月，慢則三年五載，就能純熟自如；而佛法乃慧命之學，短暫的時間之內，是無法立竿見影，馬上見效的。其實，世間上的學問也須要細工磨鍊，才能卓然有成。晉朝的王羲之臨池觀鵝，終於成為大書法家；漢朝的董仲舒三年不窺園，埋首窮經，終於成為漢武帝的股肱大臣。古人的磨杵成針、鑿光夜讀的典範，都是淬勵後世學人不輕易言退，不冀求安逸的啟示。想要一舉揚名於天下，也須要十年的寒窗苦讀。掘井九仞，不再繼續，終將功虧一簣，前功盡棄。飯未煮熟，切忌妄自一開，蛋未孵熟，切忌妄自一啄，佛道未成，切忌半途而廢。

佛門流行一句話說：「學佛一年，佛在眼前，學佛三年，佛往西天；學佛十年，佛已不見。」有許多的青年匆匆忙忙地上山，匆匆忙忙地出家，因為不能耐煩學習，不能恆常堅持，於是匆匆忙忙地下山，匆匆忙忙地還俗，流失於社會染缸。有些佛教青年就讀於佛教學院，不能安住身心，鑽研佛學教理他沒有耐性；學習唱誦拜念他沒有興趣，威儀不能具足，戒法不能受持，卻急著掛念珠、披搭紅祖衣，接受人間名利供養，建寺蓋廟，以盲引盲，徒然危害佛教。

《華嚴經》上說：「初發心便成正等覺。」我們每一個學佛的三寶弟子，什麼人沒有發過菩提心、四弘誓願？只是有些人的菩提心累劫不退轉，數十年如一日，有的人發的菩提心是露水道心，五分鐘的熱度。菩薩道業本來就是一條坎坷不平的道路，畏久畏遠是眾生的通性，因此佛陀在《法華經》中，為我們眾生敷設化城的方便法門，彌陀淨土遙遠難及，三界之內尚有兜率淨土讓我們暫時駐足，儲備好佛道資糧，再做衝刺。如果我們二六時中，都能保持最初的一念菩提於不變，每一剎那都是最初的發心，這恆常不變的初發心，就是成正等覺的菩提心。果真能如此，成佛哪裡須要三大阿僧祇劫，成佛就在每一剎那間，萬德具足、信位圓滿的當下一念。

恆常心並不難培養，就在每一個不空過的念頭。

難得心

在為學修道的路上，如何才能成就不壞信，生不退轉心，堅若磐石般不移不動呢？培養一顆難得心應該是很重要的不二法門。

《阿彌陀經》上描述說：「不可以少善根福德因緣得生彼國。」不可以少福德因緣，就是要具足非常殊勝、深厚的因緣，要修持廣大、清淨的福德，萌發殷切、誠摯的願心，才能往生西方極樂世界。經上又說，阿彌陀佛的西方世界是甚難稀有的清淨國土，因此十方一切諸佛都齊口讚揚。其實不僅極樂世界是難得一見的世界，就是娑婆世界的存在，眾生國土的形成，也是難遭難遇的。

北本《大般涅槃經》卷二十三，記載眾生在修持的境地有六種難得的因緣：一、佛世難遇，二、正法難聞，三、善心難生，四、難生中國，五、難得人身，六、諸根難具。在《長阿含》的《十上經》（大正一冊．頁五十五）、《中阿含》的《八難經》（大正一冊．頁六一三），則說眾生在修持梵行時有八種障難：一、生在地獄難，二、生在餓鬼難，三、生在畜生難，四、生在長壽天難，五、生在邊地鬱單越難，六、盲聾瘖啞難，七、世智辯聰難，八、出於佛前佛後難。八種障難之中，生在地獄難、生在餓鬼難、生在畜生難，相當於人身難得；生在邊地鬱單越難，相當於難生中國；盲聾瘖啞難，相當於諸根難具；世智辯聰難，則相當於善心難成；生於佛前佛後難，相當於佛世難遇。

有一首佛教詩偈說：「佛在世時我沉淪，佛滅度後我出生，懺悔此身多業障，不見如來金色身。」《法華經．方便品》說：「諸佛以一大事因緣故，出現於世。」朱熹《朱子語類》卷九十三：「天不生仲尼，萬古如長夜。」是讚歎孔子的偉人。《阿含經》則說：「如果佛陀不慈悲降生於娑婆，眾生將在無明的漫漫長夜裡飽受煩惱的煎逼。」二千六百多年前，佛陀曾經轉法輪於娑婆世間，一千二百五十位的聲聞弟子何其福報廣大，能夠在靈山會上親聆佛陀金口宣說聖教，而福薄緣淺的我們不知道在五趣六道的何處輪轉？等到我們保有人身，等到我們在滾滾紅塵中迷途知返，想要歸投佛陀座下親自受教的時候，佛陀色身卻已涅槃了。能夠躬逢佛陀出世的因緣是多麼難得！過去有一個老婆子，七世都遇到佛陀出世的時代，但是她卻緣慳一面，七世都沒有親近到佛陀。佛陀雖然把得度因緣慈悲無私地普施給一切眾生，但是不知道與佛結緣，縱然佛陀再世也無法度化無緣眾生。今日佛陀的色身雖然滅度了，但是代表佛陀法身的聖教，經過歷代祖師大德的努力，終於延續傳承了下來，如果我們能夠體證佛的教義，也就是與佛法身相應，就是佛世的再現。

目前台灣學佛的風氣雖然很普遍，佛教的機構如雨後春筍般林立，佛教的藝文活動、書籍文物的發行，一片蓬勃喧鬧的氣象，大有凌駕隋唐盛世的聲勢。但是不可諱言的，有人因為學佛而走火入魔，有人甚至家庭發生了問題，佛教界是非不明、邪說充斥，自詡為教主、活佛者不乏其人，自稱為金剛上師、男禪師、女禪師者大有人在，彷彿佛世九十六種外道的光景。佛教的道場三步一寺、五步一院，雖然如過江之鯽，但是傳播正法者幾人？大部分的寺院仍然墨守傳統山林佛教的窠臼，以經懺為主；新興者或者標榜慈善濟貧，使佛教淪為世俗的慈善單位；或者主張變異速成，助長眾生的功利心理。《孟子．盡心下》：「盡信書，則不如無書。」佛教是淨化心靈、成就智慧的宗教，如果信了邪法，不但不能親近正法，反而染污了心靈、葬送了慧命，那才是萬劫不復的悲哀！

善心難成，如何才能成長善心？那就要親近善知識。善知識，是我們的良師，是我們的善導。有了善知識的正確誘導，我們學佛的路才不會偏差，因此善財要以無比的精進力參訪五十三位善知識，趙州禪師雖然八十高齡，仍然要尋師訪道。

難生中國，所謂「中國」是指文明進步、文教興盛的國家，特別是佛法流佈、民風淳厚的國家，譬如佛陀時代的摩竭陀國。中國，倒不一定指地理位置居中的地方，依現代來看，可以說是有佛教信仰的已開發國家。

眾生因為各自的業力招感，而有不同的正依二報。同樣是娑婆世界的人類，有的出生在文明開發的國家，如歐美的先進國家；有的則出生在退步落後的地方，如黑暗的非洲大陸。而今日台灣的大眾，眞的是生長在「中國」，我們賴以生存的「中國」，不僅名稱如此，經濟生活富足，更重要的是我們的社會佛法興隆，真正是出生中國的稀有勝事，問題是我們如何珍惜現有的因緣條件，繼續培植我們的福報，使「中國」廣袤遼闊，處處都有「中國」。

諸根難具，是由不守戒律的果報中來。古時犯罪的人要接受黥面、劓鼻等截斷諸根的酷刑。現代的人作奸犯科，有時連命根都喪失。我們過去生中累積善業，出生之時六根具足；成長期中，父母鞠護顧念，身體健康，智慧聰明，具備學習正法的一切條件。我們應該把握善因善緣，擴充父母賜予的血肉之軀，厚植善根，成就慧命。

在《維摩詰所說經．方便品》「是身無常、無強、無力、無堅，速朽之法，不可信也。為苦為惱，眾病所集。」因此我們慶幸保有人身之後，不可以貪著戀棧人身，縱欲享樂，而應該借由人身修得佛身，佛身者就是法身，那才是永恆不滅的生命。

「人身難得今已得，佛法難聞今已聞；中國難生今已生，善知識難遇今已遇；諸根難具今已具，佛世難逢今已逢（法身）。」我們是不是應該常懷難得之心，珍惜難得的因緣，為自己開創難得的人生，成就難得的菩提道業！

隨緣隨願

信願行為往生淨土的三資糧，歷代的高僧大德要成就菩提道業，莫不立下恢宏誓願，循序實踐，方得圓成。立願之重要，可見一斑。

清朝省庵大師《勸發菩提心文》說：「入道要門，發心為首；修行急務，立願居先。願立則眾生可度，心發則佛道堪成。」「欲學如來乘，必先具發菩提願，不可緩也。」因此，菩薩要圓滿佛道時，除了要萌發四弘誓願：「眾生無邊誓願度，煩惱無盡誓願斷，法門無量誓願學，佛道無上誓願成」的通願之外，更因為各自的關懷層面不同，而立下各種的別願。藥師佛發十二大願，願願希望眾生遠離煩惱煎逼，身心康泰；觀世音菩薩在大悲懺法門中曾立十願，願眾生得住安樂宅；阿彌陀佛以四十八大願，構築了祂的淨土世界，為眾生創造了安身立命的終極依歸；地藏菩薩以「地獄不空，誓不成佛」、「我不入地獄，誰入地獄」的悲願，展開無止無境的擺渡工作。

願力，如同車輿的引擎、舟船的馬達，有了引擎、馬達的動力，舟車才能乘風破浪，風馳電掣。釋迦牟尼佛當初在金剛座上曾發堅定誓願：「如果不取正覺，則不離本座。」縱然蔓藤纏身，佛陀依然如磐石般屹立不搖。孔子自述自己的生命歷程時說：「吾十有五而志於學。」青少年時期的孔子就擺脫羞澀懵懂的少年習性，立定人生藍圖，一步一步地實踐完成。因此，隨願發心為成就世間乃至出世間慧命的要道。

中國有一句老話說：「盡人事，聽天命。」意思是說，經過一番的奮鬥努力之後，仍然無法達到預期的理想計畫，應該培養樂天知命的胸襟，給自己更大的轉圜空間，是時運不佳，而不是精進不夠，不宜怨天怪命，自艾自憐。盡人事是隨願，百分之百毫無畏怯地實踐自己主觀的心願；聽天命是隨緣，不著力、不沾滯地隨順客觀的因緣。有一點必須確知的是，「盡人事」之後，方可言「聽天命」，經過一番嘔心瀝血的淬鍊之後，事情仍然無法成功時，就可以坦蕩蕩地問天聽命了，而不是毫無作為，束手就縛，把責任推諉給天命。

世間事豈能盡如人意，但求無愧於心，只要自覺心安，東西南北都好。一件事我們主觀地付出全部心力之後，其餘的只能隨順客觀的條件因緣。譬如世間君子好逑窈窕淑女，可能每日送上一朵代表情愛的玫瑰花，每日一封傳達寤寐思之的信箋，每日佇立在鞦韆牆外吟唱雎鳩之聲。如此隨願地表達自己纏綿悱惻的情意之後，更要隨緣地給對方空間作抉擇，無怨無悔地愛其所愛。世間有些男女不知隨願之後，更應該隨緣接受對方的所愛，當得不到對方的回應允諾時，由愛生恨，愛侶反成冤讎，甚至因此傷害自己本來的所愛，釀成悲劇，這就是不懂得隨緣的智慧使然。

世間父母親愛子女，幼小時憂其飢寒，長大時則懼其婚姻事業是否順逐，一輩子的牽掛，美麗的負擔。有些父母甚至將子女視為自己的財產，掌控他、操縱他、佔有他、干預子女的事業、婚姻生活，因此古有「孔雀東南飛」、「釵頭鳳」的悲鳴絕唱。其實父母除了隨願地撫養兒女、教育兒女，更應該隨緣幫助子女，讓子女盡其才性，開發潛能，找到自己人生的定位，而不是勉強子女成為自己的影子，或者要求子女去完成自己無法實現的夢想。愛不是佔有，愛更不僅僅是犧牲，愛可以是成就對方、圓滿自己。能夠隨緣給子女客觀的空間揮灑的父母，自己也擁有更遼闊的人生舞台。

《景德傳燈錄》卷四載，嵩嶽元珪禪師說，佛有三不能：「佛能空一切相，成萬法智，而不能即滅定業；佛能知群有性，窮億劫事，而不能化導無緣；佛能度無量有情，而不能盡眾生界，是謂三不能也。」（大正五十一冊．頁二三三）佛不能度無緣眾生、不能度盡一切眾生、不能滅除眾生業報。佛度有緣人，佛雖然悲願無窮，但是佛也只能度化有緣的眾生。釋迦牟尼佛涅槃之前曾說：一切有緣眾生皆已度盡，未度的眾生已留下將來得度的因緣。眾生與佛是否有緣，並不是佛有愛憎差別心，佛的慈悲如同《法華經》草木喻所言，法雨等施，草木因為根器大小而承受不同的滋潤。眾生由於業感牽引，自絕於佛陀的慈悲，而失去得度因緣。

過去有一老母，七世都出生於佛陀大轉法輪的時代，佛陀也苦心孤詣，數次出現在她面前接引她，但是頑強的老母都無法承受法乳，真是應了「佛在世時我沉淪」的話。《普賢行願品》說：虛空無盡，菩薩度眾的心願無窮。虛空無邊際，眾生如虛空無法計量，眾生所造的業也無盡，因此諸佛菩薩無法度盡一切眾生。正因為無法度盡一切眾生，因此諸佛菩薩度眾的願力悲心是綿延無盡、永不休息的。地藏菩薩言：「地獄不空，誓不成佛。」地獄永遠不會空盡，地藏的大願如天地之亙古彌新。諸佛菩薩只是隨緣地度化有緣眾生，但是永不退轉的隨心發願要度化一切眾生盡入無餘涅槃。

我曾經問過一位開創道場的老和尚，有一天假如他辛勤披荆斬棘創建的寺院毀壞崩塌了，作何感想？他回答我說：諸行無常，成住壞空，是自然定律，不管他滄海桑田，桑田滄海，縱然明日國土危脆毀於一旦，我曾經興建的人間道場，必將長存於歷史。這位佛門長老他只是隨願做了今日他能做、該做的事情，明日乃至未來的生滅變異，他豁達地隨順一切因緣的發展。釋迦牟尼佛當時以八十歲羸弱身軀，烈日下坐在大路中央阻擋琉璃王軍隊的前進，竭盡他最大的願力來救護他的祖國，最後佛陀也只能隨順因緣，目睹迦毗羅衛國的滅亡。因為佛陀曾經隨願為祖國殫精竭力，克盡子民保家衛國職責，面對亡國遭遇，雖有秋蓬失根之痛，但卻無報國無門的憾恨。

孔子說：「道不行，乘桴浮於海。」人生有時積極隨願去履踐自己的理想，有時要有放曠逍遙的心胸，隨順一切因緣。隨緣度眾，隨緣生活，隨緣修行，懂得隨順因緣，不忮不求，不刻意追求營進，其中峰迴路轉，自有無限生機。

一代高僧

編按：此文寫於二十餘年前。

二十多年前初學佛時，閱讀了陳慧劍老居士撰寫的《弘一大師傳》，深深為弘一大師割愛辭親、一心向佛的道念所震撼。二十多年後的今天，重新展讀大師的著作，仍然深深敬佩弘一大師的堅毅、剛猛、精純。元朝的元好問評價大詩人陶淵明說：「繁華落盡見真淳」。綜觀弘一大師一生，從絢爛歸於平淡，從藝術生命昇華為宗教境界，「繁華落盡見真淳」無疑是他最貼切的寫照。

個人在二十多年的佛學教育生涯中，經常會遇到青年學子詢問一個問題，佛法浩瀚，如何深入智慧大海？我最喜鼓勵他們閱讀高僧傳記，譬如社會各行各業每有卓越的成功者，名人傳記既是文學、歷史作品，更是勵志修身的名篇。歷代高僧更是以生命實踐為佛子樹立菩薩道的圓滿典範，值得一讀再讀，起而效之。其中《弘一大師傳》對許多徘徊於出世、入世的抉擇，有心出家的莘莘學子不啻是一盞明燈，發揮深刻的影響力。許多人因為陳慧劍老居士而認識了弘一大師，在學佛的過程中，親近了一位善知識。也因為《弘一大師傳》，台灣佛教增加了一位文化傳薪的長者，文筆洗鍊明暢，常作獅子吼。陳慧劍是佛教徒熟悉、響亮的名字。六祖慧能因為一部《壇經》，而成為中國禪宗的祖師，將慧能思想撰錄成《六祖壇經》的弟子法海不僅報答了師恩，也使自己與《壇經》同時名垂千古。天台智顗大師的思想體系記載於《摩訶止觀》、《法華玄義》、《法華文句》三部之中，而這三部書是弟子灌頂將師父平日的開示編纂所成，沒有灌頂的記載，就沒有法華三部，後人則無法了解智顗大師恢宏精深的天台思想，因此智顗與灌頂是紅花綠葉，相得益彰。不世出的思想家是人類共同的瑰寶，而能將思想家偉大的思想傳播於後世的人，同樣值得尊敬、珍惜。

陳慧劍老居士一生對弘一大師的研究不遺餘力，對於弘一大師思想的宣揚更是到了殫精竭慮的狀況，他舉辦兩岸弘一大師學術研討會，結合兩岸力量來推動大師的思想。晚年，甚至為了進一步探討弘一大師的理念，幾度到香港蒐集資料，積勞成疾，不幸病逝。陳慧劍老居士可謂弘一大師的知音，兩人隔著時空成就一場以心印心的方外之交。

弘一大師的研究方興未艾，近年來有蓬勃發展的趨勢；而弘一大師著作的結集出版，無論在大陸、新加坡、香港、台灣，爾來有不少人陸續蒐集編輯，如台北新文豐印行有《弘一大師法集》、《李叔同傳記資料》等，但仍限於某一時期或某一方面的著述。一九八六年泉州緇素圓拙法師與陳珍珍居士等，因念弘一大師晚年與閩南因緣特別深厚，乃與佛學界瑞今、宏船、廣洽、常凱、廣餘、優曇、隆根、自力、唯慈等法師，以及高文顯、林子青、豐一吟、金兆年等文化人士，於泉州開元寺，發起成立弘一大師全集編委會，並由福建人民出版社印刷，全面網羅大師全部遺著，釐訂內容分為佛學卷、傳記卷、序跋卷、文藝卷、雜著卷、書信卷、書法卷、附錄卷八大類，共十冊，一千三百多萬餘字，由當時中國佛教協會會長趙樸初老居士擔任編委員總顧問，歷時三年，一九八九年終於付梓出版，為研究大師一生思想、道業、行誼者提供了全面性、系統性的原始資料，具有文獻學的珍貴價值。

根據弘一大師傳記資料，略述其生平行誼：

弘一大師俗姓李，幼名成蹊，學名文濤，字叔同，名號眾多。一八八〇年九月二十日生於天津富裕銀行家庭，父名世珍，清同治朝進士，曾官吏部，後改營鹽業，家道頗豐，妻妾多人，第五姨太太王氏，為李叔同生母。李叔同有異母兄弟三人，長兄早夭，次兄文熙（又名桐岡），懸壺濟世，為天津有名中醫，掌管家中事業。

叔同排行老三，小字三郎，五歲，父卒。

李叔同出身書香世家，幼年受到扎實的儒學教育，十六、七歲時曾從名士趙幼梅學填詞，從唐育厚學書法，篆字尤為專精。十八歲從母命娶俞氏，第二年戊戌政變，奉母遷居上海，加入由袁希濂、許幻園等組成的「城南文社」，初試啼聲，展現寫作才華，有《二十自述詩》、《李廬詩鐘》等詩篇，為大師早期作品，惜皆失傳，只留幾篇序文，後與蔡小香、張小樓、袁希濂、許幻園等結拜金蘭，世稱「天涯五友」。許幻園夫人宋貞有《題天涯五友圖》詩五首，描寫五人風格，其中詠叔同云：「李也文名大似斗，等身著作膾人口。酒酣詩思湧如泉，直把杜陵呼小友。」把李叔同比擬為詩聖杜甫，對其文才給予極高的評價。二十二歲，入蔡元培主持之「南洋公學」經濟特科就讀，譯有《法學門徑書》、《國際私法》等富有民權思想的日文書籍，大師受西學的啟蒙於焉萌芽。二十四歲，李叔同感風俗頹廢，民氣澆薄，與許幻園、黃炎培創立「滬學會」，編寫《文野婚姻新戲劇本》，主張男女婚姻自由。豐子愷說出家前的李叔同為一翩翩美公子，他曾與名妓李蘋香、謝秋雲、高翠娥等過從甚密，並有詩詞贈予酬唱，顯現李叔同多情的一面。他有一首〈七月七日在謝秋雲妝閣〉：

風風雨雨憶前塵，悔煞歡場色相因；
十日黃花愁見影，一彎眉月嬾窺人。
冰蠶絲盡心先死，故國天寒夢不春；
眼界大千皆淚海，為誰惆悵為誰顰？

李叔同側身於歌台舞榭之中，是為了排遣國事板蕩的憂愁，試看他的另一闋詞〈金縷曲〉（贈歌郎金娃娃）：「……走馬胭脂隊裡，怎到眼都成餘子？片玉崑山神朗朗，紫櫻桃，慢把紅情繫。愁萬斛，來收起。泥他粉墨登場地，領略那英雄氣宇。」清末局勢蜩螗，如大廈之將頹，有志之士奔走革命，李叔同處此新舊交替時代，慨然有愛國憂世之心。一九〇五年，二十六歲，以母親病逝因緣，悲痛之餘，乃決定東渡日本留學，臨行填詞〈金縷曲〉：

披髮佯狂走。莽中原，暮鴉啼徹，幾枝衰柳。破碎河山誰收拾，零落西風依舊。便惹得離人消瘦。行矣臨流重太息，說相思，刻骨雙紅豆。愁黯黯，濃於酒。漾情不斷淞波溜。

恨年來絮飄萍泊，遮難回首。二十文章驚海內，畢竟空談何有。聽匣底蒼龍狂吼。長夜淒風眠不得，度群生那惜心肝剖！是祖國。忍孤負。

詞中有對國家興亡的黍離之悲，更有「夜裡挑燈看劍」的慷慨激昂。六年後，一九一一年他負笈返國，適值辛亥革命，他填了一首〈滿江紅〉，表達他的襟抱：

皎皎崑崙，山頂月，有人長嘯。看囊底，寶刀如雪，恩仇多少。雙手裂開鼷鼠膽，寸金鑄出民權腦。算此生，不負是男兒，頭顱好。荊軻墓，咸陽道。聶政死，尸骸暴。盡大江東去，餘情還繞。魂魄化成精衛鳥，血花濺作紅心草。看從今，一擔好山河，英雄造。

詞中洋溢著報國豪情，大有「猛志逸四海」，致君堯舜，澄清天下的雄心壯志，說明未出家之前的李叔同，展現儒家經國濟世的生命情調。李叔同前後曾在浙江第一師範學校以及南京高等師範任教，高足有後來以漫畫成名的豐子愷，以及成為音樂家的劉質平，各自師承了李叔同繪畫與音樂的成就。其間交往密切，影響其日後出家的朋儕有二人：夏丏尊及馬一浮。關於李叔同為什麼從各方面都卓然有成的藝術家，毅然遠離紅塵出家為弘一演音，夏丏尊在〈弘一法師之出家〉一文中，有詳盡的始末說明。原來夏先生看到日文雜誌有關斷食的文章，強調斷食是身心更新修養方法，各宗教教主如釋迦牟尼佛、耶穌基督都曾經驗，可以使人去貪婪，長養聖德，書中並列舉實行的方法及注意事項。李叔同決定實踐，便到西湖虎跑定慧寺斷食十七天，身心舒暢輕安，如嬰兒之獲重生，乃取老子「能嬰兒乎」之意，改名李嬰，對於寺院寧靜肅穆的生活有了深刻體驗，種下日後出家的因緣。

一九一八年陰曆新年，馬一浮介紹朋友彭遜之到虎跑寺靜修，彭先生忽然發菩提心出家，當時在虎跑寺的李叔同目擊整個過程，深受感動，當下皈依了悟老和尚為三寶弟子，名演音，號弘一，茹素看經，精進勇猛。夏丏尊深怕多年摯交老友棄他而去，乃以言相激：「這樣做居士究竟不徹底。索性做了和尚，倒爽快！」同年舊曆七月十三日，大勢至菩薩華誕日，演音終於披剃於了悟門下，從此躍出塵網，為佛教譜出梵音、海潮音。弘一大師曾對夏丏尊說：「我的出家，大半由於這位夏居士的助緣，此恩永不能忘！」二人成就近代中國佛教史上的一段公案美談。

容起凡在〈弘一大師出家的研究〉一文中，分析其出家原因如下：一、家庭崇佛的影響，父親李筱樓研究禪宗，篤信佛教，設義塾，創濟社，樂善好施。弘一幼小受此庭訓，耳濡目染，對人生生老病死諸苦有刻骨銘心體會，不忍眾生苦的慈悲種子深植童稚心靈。二、少年家運的中落衰敗，親屬相繼死亡，家族關係的不和諧，世間聲色娛樂的短暫虛幻，激起他強烈的生命無常感。三、弘一大師是個藝術家、文學家，自來文學家、藝術家比常人觀察敏銳，情感纖細，對於社會的動盪、世態的疾苦更能感同身受，文學、藝術是大師接近宗教的津梁。四、大師身處革命思潮最為澎湃的清末，他早期加入同盟會，而後一段沉潛隱逸，最後皈依佛門，將愛國的熱情化為普濟眾生的佛門慈悲。

豐子愷在〈我與弘一法師〉中，對弘一大師的出家有精闢的譬喻：「人的生活，可以分作三層：一是物質生活，二是精神生活，三是靈魂生活。物質生活就是衣食，精神生活就是學術文藝，靈魂生活就是宗教。」他指出一般人居住於第一層，而知識份子、學者、藝術家把心力貢獻於學問、文藝，就是住在第二層樓，而宗教徒為了「欲窮千里目」，更上第三層樓。但是腳力如果矯健，三層樓不必逐層拾級而上，可以一口氣跑上三層樓。他認為：「弘一法師是一層一層走上去的。……他早年對母盡孝，對妻子盡愛，安住在第一層中；中年專心研究藝術，發揮多方面的天才，便是遷居在二層樓了。強大的人生欲不能使他滿足於二層樓，於是爬上三層樓去，做和尚，修淨土，研戒律，這是當然的事，毫不足怪的。」他的結論是：「藝術的最高點與宗教相接近，二層樓的扶梯的最後頂點就是三層樓，所以弘一法師由藝術昇華到宗教，是必然的事。」這些文章，有利於我們客觀、理性地去觀察弘一大師出家的真相，貼切地去體會一位高僧淳厚豐潤的悲智生命。

觀自在的人生觀

我在長年的弘法布教工作中，常常會遇到信徒詢問一個問題：「佛教的經典那麼多，我們到底要看什麼經書，才能了解佛法的大意？」

有一首偈語描寫佛陀五十年間的弘化情形說：

華嚴最初三七日，阿含十二方等八；
二十二年般若談，法華涅槃共八載。

在浩瀚的三藏十二部經典中，佛陀演說般若系列的經典長達二十二年之久，幾乎佔了佛陀行化的一半時間，可見般若經典的重要性。而短短二百多字的《心經》，最能代表龐大般若經典的精髓心要，這也就是《般若心經》所以以「心」為經名的原因。

《心經》雖然篇幅短小，但是義理精微，包含四諦、十二因緣、十八界等根本佛教的教義，甚至涵蓋大乘八不中道的空慧，如果能確實實踐，就是妙覺的諸佛境界。如此幽遠奧妙的《心經》，應該如何去契入它的思想呢？

事實上，《心經》在經首，開宗明義已經為我們眾生描繪理想圓滿的世界，那就是觀自在的人生。

觀自在，是觀世音菩薩的別名，觀世音菩薩又名白衣大士、圓通大世、聖觀自在等等。其實觀自在不僅僅是指觀世音菩薩而已，我們每一個眾生都可以是觀自在。觀自在的人生是怎樣的本地風光呢？我們如何學做觀自在呢？以下介紹十二種觀自在：

觀時自在

中國人做事有一個古老的習慣，總是喜歡看時辰，結婚要選良辰美時，喪葬切忌犯沖時刻，甚至搬家、出門旅遊都要選個黃道吉日，民間流傳的一本薄薄黃曆，影響著廣大中國人的生活，可見中國人對時間根深柢固的觀念。禪宗說：「日日是好日」。無門慧開禪師有一詩偈說：「春有百花秋有月，夏有涼風冬有雪，若無閒事掛心頭，便是人間好時節。」如果婚姻的幸福、子孫的榮蔭，只是牽繫於那短短的剎那片刻，那三大阿僧祇劫的修持精進，親人彼此之間的互尊互重不就沒有必要了嗎？面對每個不同的日子，我們要創造天天是春花秋月的人生。

為了在世界各地推動佛教，有時人像空中飛人一樣，從一洲到另一洲，從一國到另一國，有人經常擔心我們是否有時差的問題。我訓練自己調整生理時鐘，天亮即起來，天黑便睡覺，用禪宗的話「饑來時食，睏來眠」，白天吃飯辦道，晚上睡覺精進，能早能晚，倒也逍遙自在。

觀處自在

除了看時辰之外，看地理風水也是中國人牢不可破的習俗，歷代皇帝一登上皇位後，第一件要事，便是找一個山明水秀的地方，為自己蓋一座廣袤的陵寢；平民百姓則寄託身後能夠有一塊龍穴，讓子孫圓滿自己一生不可能實現的皇帝夢……。

禪門說：「參禪何須山水地，滅卻心頭火自涼。」只要自覺心安，東西南北都好。有了自在的心，處處都是福地，居陋巷也可以不改快樂。

觀身自在

身是一切痛苦的根本來源，疾病來臨的時候痛苦不堪，小小的牙病，也可以把人折騰的寢食難安，面對死亡的宣判時，又有幾人能夠走得瀟灑，心念不亂呢？即使健康的時候，有的人對自己的身體也有難以釋懷的罣礙。有的人擔心自己的五官不夠端正秀麗，有的人在意自己的身材不夠勻稱健康，因此美容健身的行業乃應運而生。

一則真實的笑話：有一個人搭機南下高雄去談生意，算命的警告他要以右腳踏出機門，生意才會順利，否則必定觸礁。這個人連日忙累，一上飛機就睡著了，等他從睡夢中醒來，機上乘客已經下得差不多了。他一驚，一個箭步跨出艙外，抬足一瞧，唉呀！怎麼是該死的左腳。事有湊巧，當天的生意果然沒談成功，此人從此恨透自己無辜的左腳。

一個人對於自己不可割離的身體終日瞋恨，生活如何能自在呢？

觀物自在

有時我們對於心愛的東西產生執著的愛，也是一種不自在。現代的人用東西喜歡用名牌，穿的衣服一定非那家廠商不可，形成一股名牌信仰。現代的人和物質之間的關係愈來愈密切，已經到了為物所役的情況。譬如出門沒有車子代步則寸步難行；住大廈沒有電梯，大有高處不勝寒的慨嘆；煮飯用電鍋、洗衣用機器、房間用冷氣，如果一旦停電，衣食住行全亂了秩序；電腦、手機的使用，帶給民生乃至社會結構全面性的影響，第三波的電子，已經成為二十一世紀人類日常生活中不可或缺的必需品，因此電腦病毒的流行，人類對它的恐懼並不亞於全世界性的經濟蕭條。過度的物化，人類大量運用物質的同時，也失去了掌控物質的自主權。如何有效地駕馭物質，役物而不為物所役，做個自主的主人，是我們當今人類重要的課題。

金碧峰禪師說：「若人要拿金碧峰，除非鐵鍊鎖虛空；虛空若能鎖得住，再來拿我金碧峰。」對金碧峰禪師而言，金鉢固然是榮耀的象徵，更是障道的因緣，打破了對金鉢的無始執愛，才能體證虛空的湛然無染。

觀財自在

人為財死，鳥為食亡。人一生汲汲營營，忙忙碌碌，為了糊口養身，為了名利二字。錢財，是推動社會進步的資糧，處理不當，也是罪惡的淵藪。佛教說：錢財為五家共有。水災、火災、戰爭、苛稅、不肖子孫，都可以將我們一生辛苦經營的事業、財產毀於一旦。有錢時，固然得意飛揚；無錢時，也能淡泊泰然，寧可貧窮而富有，切忌富有而貧窮。《涅槃經》說：「知足第一富，健康第一貴；善友第一親，涅槃第一樂。」能夠恬淡知足，超然物外，才是第一富有的人生。

觀語自在

佛陀在「四依止」中告訴我們要「依義不依語」，十善法中語業戒就有四條，可見口舌的容易犯過。有時我們活在別人的一句話中，一句讚美的話，可以讓人歡喜終日；一句批評的話，也可以讓人沮喪半天。

蘇東坡自許稱譏毀譽苦樂利衰的八風已經吹不動自己的心境，但是經不起佛印禪師的輕輕點撥，一句「放屁」就氣急敗壞過了長江。賢孝如曾子，一句「曾參殺人」，讓母親都懷疑起自己兒子的德行，語言動搖人心的力量於焉可知。

佛陀的果德中有四無畏，其中聞別人讚美不欣悅，聞別人毀謗也不惱恨，就是觀語自在。但求無愧於心，豈能盡如人意。天下蒼生何其眾多，如果竟日活在別人的語言之中，把自己的喜怒哀樂交給別人主宰，又如何杜天下悠悠之口，活得逍遙自在呢？

觀人自在

佛法的八苦之中，有二苦是來自與人相處的痛苦：怨憎會、愛別離，相愛的人千里乖離，不能相聚，是思念的煎熬；相親的人天人永隔，再見無緣，是椎心的傷痛；憎恨的人冤家路狹，每天相看生厭，躲不開，逃不了，是懊惱的逼迫。事情好做，學問容易鑽研，人卻很難做，真是「做人難，難做人，人難做。」

有一對新婚的夫妻，為了入境隨俗，因應節慶做粿餅，年輕的太太就問丈夫：「粿餅要怎麼做，我又不曾做過？」

不勝其煩的丈夫隨口回答說：「妳煩不煩哪！妳不會看人樣。」丈夫的意思是說去學習別人，請教鄰居街坊，看別人怎麼做，依樣畫葫蘆，我們就怎麼做。一天，丈夫下班回家，看到妻子滿頭大汗，興致勃勃地在捏粿人，仔細一瞧！歪歪扭扭的鼻子、大大小小的眼睛，煞有童趣！丈夫好奇問道：「喂！妳究竟在做什麼呀！童心未泯在捏泥人。」

太太頭也不抬，全神貫注於工作，頂了一句話：「你懂什麼！人好難做喔！」人，確實很難做，但是卻又不能不把人做好，人成即佛成，是名真現實。一句話，可以令我們罣礙不能自在，一個人，也能成為我們一生的牽掛。

有一個老菩薩經常在寺院發心幫忙，有一次寺院舉辦朝山巡禮聖地活動，同參道友邀請她參加，她十分為難地說：「我三歲的小孫子由我一手帶大，一步也離不開我，吃飯睡覺找不到我，他是會吵人的。」

大家異口同聲勸誘她，她終於下定決心，參加了朝山活動，一路上掛念著小孫子吃得好不好，睡得香不香。三天後，迫不及待回家，看到小孫子又摟又親說：「寶貝孫子，奶奶不在家，你想不想我啊！」「奶奶不在家，好爽快！」

無忌的童言，老人家終於悟到「兒孫自有兒孫福」，再乖巧的孩子，有一天，必然會離開窠巢，走向自己的路。天下只有倚門倚閭，待子歸來的父母，鮮有引頸翹望，思親念親的子女。心中放了一個人，是人生最不能承受的重量，如何能揮揮手，走得瀟脫呢？

觀情自在

情不重不生娑婆，有情眾生少了感情生活，像枯萎的草木，無法生存下去。情，最是令人為它傷神費心。親情、愛情，是一份牽掛，國家之情、眾生之愛，則是一種昇華。有情、無情，情到多時情轉無，至情至性；多情反被情傷，情可以堪！絕情、專情，淡淡如水之交，永恆雋詠；春蠶吐絲之戀，死而後已。多少人因為情而枯木逢春，生氣盎然，多少人因為情而憔悴受損，終身不悔！情，真是我們人生的一道關隘，如何昇華它、淨化它、轉化它，以智為情，轉愛為悲，需要般若的智慧。

觀事自在

有智慧的人，做起事來有條不紊，秩序井然，再困難的事到了他的手中，好比一團亂絲，抽絲剝繭，清清楚楚，把複雜的事情簡單化。沒有智慧的人，做起事來雜亂無章，由簡入繁，原本簡單的事情，卻變得繁複起來。事有本末始終，輕重緩急，如果能拿捏得宜，掌握恰當，便能手到擒來，處事自在了。

觀理自在

當我們碰到一位理路不清，無法溝通理會的人時，常常會以「秀才遇到兵」來形容，可見明理的可貴。學佛最終的目的，固然希望開悟，體證緣起性空的真理，其實能夠做到明理已經很不容易了。有的人蠻橫不講理，有的人循私飾過，扭曲道理，有的人固執強詞奪理，有的人腦筋混沌，完全不按牌理。遇到不明理的人，是人生痛苦的憾事；遇到明理的人，是人生的一件快事。

佛經上說：修道人寧可找有智慧的大菩薩議論，也不和不明理的無明人共事。

因為和大菩薩諍辯，真理愈辯愈明，能夠激盪出智慧的火花；和不明理的人交談，只怕陷入糾纏不已的吵鬧。

觀境自在

境，指一種境遇。得意的時候，能夠居安思危；失意的時候，能夠恬淡無怨；富貴的時候，知道儉樸惜福；貧窮的時候，知道知足惜福；健康的時候，知道養生怡性；疾病的時候，知道寬心調身；榮耀的時候，能夠謙沖自守；潦倒的時候，能夠奮發精進。面對有無、得失、榮辱、毀譽，都能不動搖、不動盪、不動心，如此便能夠觀境自在了。

觀心自在

心是六根的元帥，統領千軍萬馬，主導身口意三業的造作。心就像個大倉庫，裡面堆滿清淨善良的白業種子，也積藏染污罪惡的黑業種子，小小的一顆心，牽引我們忽而四聖，忽而六凡，在十法界中上下起落。我們的心揹著沉重的負擔，不得自由。

有一個住持老和尚，寫得一手好字，每天來求墨寶的人絡繹於途。一天，老和尚叫徒弟磨墨，自己好大展身手。小徒弟一邊磨墨，一邊卻批評起師父的字來：「師父！這一橫太歪了，重寫一張。」老和尚果然從善如流又寫了一張。

「師父！這一點太粗了。」「師父！這一撇太長了。」師父寫什麼，徒弟就指指點點一番。老和尚寫了又撕，撕了又寫，沒有一張滿意的。湊巧客堂來了一位儒生，老和尚趕忙叫小徒弟上前去招呼。徒弟走後，老和尚拿起大筆隨手一揮，寫了斗大的「禪心」二字，筆勢遒勁蒼邁，渾厚飽滿。徒弟回來一看，驚歎不止：「師父！您這張墨寶什麼時候寫的，寫得好極了？」「你不在的時候寫的。」老和尚淡淡地說。

禪心，就是對境不動，泯除差別對待，心無罣礙的佛心。心中一放下，當下便能得大自在。

宋朝大書法家蔡襄長了一把美妙的鬍鬚，人稱美髯公。有一天，有一位好事者問他：「您睡覺的時候，鬍子是放在棉被內，還是棉被外？」

蔡襄當天晚上一會兒把鬍鬚擺在棉被內，一會兒放在棉被外，折騰了一個晚上，白白損了一場好夢。

佛陀在《楞嚴經》中曾告訴阿難尊者，心不在內，心不在外，心也不在內外之間……。這就是有名的七處徵心。心在哪裡？騎驢找驢，頭上安頭，有心找心，愈是覓心了不可得。照顧好這顆平常心，隨緣生活，看破虛妄，放下執取，便是觀自在的人生。

輯五

諸話連篇

神話連篇

中國，是一個法天敬祖，重視鬼神的民族。殷商時代，帝王每有征戰、祭祀，一定要占卜吉凶，因此產生甲骨文化。天，從儒家的自然天，漸漸演變成為政治的象徵，天子乃「作之君，作之師」，為黎民的父母，具有不可抗拒的天威。對百姓而言，天是冥冥不可測，決定禍福的神秘力量，天同時也是遭遇冤屈最後哭訴的對象。因此，幾千年來中國的百姓敬天、畏天，求神、拜神，甚至也造神，山川木石、風雨雷電無所不神，甚至文學家筆下的人物齊天大聖，都變成了精靈神祇，中國於是變成多神信仰的民族。上從三清玉帝、王母媽祖，下至福祿壽喜、五路財神，乃至廁神、灶神、床神、門神、酒神、茶神、花神……。中國是個善於創造神話的國家。

神，在基督教、天主教、伊斯蘭教、印度教是萬物的創造者，是宇宙形成的第一因。神，在佛教則是六道的眾生之一，仍然未脫離痛苦的輪迴流轉，不是最究竟、最終極的人生歸宿。在佛教看來，天神雖然也具有神通變化，但是不具備創造萬物的力量，因為一切諸法乃緣生緣滅，天神也在緣起法的生滅變異中輪轉。佛教對天神究竟有什麼看法？以下試從各種佛經歸納出天道的概貌。

天神的種類

天，分為三十二天、二十八天、二十七天、二十天。一般以二十八天為主。二十八天分為欲界六天，色界四禪十八天，無色界四天。

一、欲界六天

（一）四天王天：又稱四大天王，俗稱四大金剛，住於須彌山腰犍陀羅山。四大天王各住一面山峰，各守護一方世界，稱為護世四天王。四大天王分別為：

1.東方持國天：手持琵琶，為主樂神，以音樂來調順眾生，使眾生皈依佛教。住在須彌山黃金埵，守護東勝神洲。

2.南方增長天：手握寶劍，護衛正法，增長眾生善根，使邪魔不侵害。住在須彌山琉璃埵，守護南贍部洲（娑婆世界在此洲）。

3.西方廣目天：手纏金龍或赤索，為群龍領袖，或以鋼索網住眾生，使不離正教。此天以清淨天眼觀察世間，使不為惡。住在須彌山白銀埵，守護西牛賀洲。

4.北方多聞天：又稱毗沙門天，本為印度的施財天，為四天王之中信徒最多的一天。右手持寶傘，左手捉銀鼠，以降伏群魔。以福德殊勝聞名於十方，故稱為多聞。住於須彌山的瑪瑙埵，守護北俱盧洲。

四大天王傳於中國漢化之後，成為掌管風（南增長天，執寶劍）、調（東持國天，持琵琶），雨（北多聞天，握寶傘）、順（西廣目天，捉金龍）的天神。

（二）忉利天：又稱三十三天，其天帝稱為釋提桓因，故又稱為帝釋天，住於須彌山頂的中央善見城（一稱喜見城）之中，山頂東西南北四方各有八個天城，共有三十三個天宮，因此稱為三十三天。傳說佛陀的母親摩耶夫人命終後生於此天，佛陀為了報答母恩，曾經上昇忉利天為母親說法三月，才返回娑婆世界。

三十三天天外天，九霄雲外有神仙，

神仙本是凡人做，只怕凡人心不堅。

忉利天只是欲界的第二天，忉利天上還有諸天，因此說「三十三天天外天」，表示宇宙穹蒼的遼闊無垠。

（三）夜摩天：又名焰摩天，天帝為善持，身體自然光明，不須日月，忉利天所不能及。

（四）兜率天：又稱覩史多天、妙足天、喜足天、知足天，和夜摩天合稱為兜夜。此天因為歡樂飽滿，資具滿足，對八聖道不生知足，因此稱為兜率陀天。有內外兩院，內院有四十九院，為補處菩薩居住，今則為彌勒菩薩的淨土，彌勒在兜率內院住滿四千歲，約人間的五十七億六千萬年，便下生人間，成佛於龍華樹下，度化眾生。外院為欲界天，為天眾所居住，享受勝於人間的欲樂。

自東晉以來，中國便盛行往生兜率淨土的信仰，如東晉道安及其弟子法遇等八人立誓往生兜率，唐朝的玄奘與弟子窺基，道宣律師，乃至民國的太虛、虛雲等高僧都發願往生兜率，慈航法師則把道場立名為彌勒內院，以表信頤。

（五）樂變化天：又稱化樂天，天帝名善化，自化五塵以為娛樂，光明勝於兜率。

（六）他化自在天：又稱摩天，此天為欲界之主，與色界之主摩醯首羅天，同為擾害正法的魔王。此天以奪其他天神所化的樂事而自娛樂，因此稱他化自在天。

二、色界十八天

（一）初禪三天：梵眾天、梵輔天、大梵天。

（二）二禪三天：少光天、無量光天、極光淨天。

（三）三禪三天：少淨天、無量淨天、遍淨天。

（四）四禪九天：無雲天、福生天、廣果天、無想天、無煩天、無熱天、善現天、善見天、色究竟天。

一說色界十七天，即少了無想天；又說色界十六天，則把大梵天包含於梵輔天之中；另外，又有於色究竟天之上別立摩醯首羅天。

大梵天，又稱梵天、大梵天王，與帝釋天並稱為釋梵，若加上四大天王，則稱釋梵四王，同為保護佛教的天神。大梵天和保護神毗濕奴、破壞神濕婆，並稱為婆羅門教、印度教的三大神，為三大神之首，但是地位最低。在印度人的觀念裡，梵是清淨離欲的意思，梵我合一，就是生命解脫的境界。梵是最高主宰、創造宇宙的神祇，四個種姓從梵天不同的部位出生，而決定了他們不可更改的宿命。從梵天的口中出生的，是宗教祭祀師的婆羅門，懂得梵天的語言，印度文因此又稱為梵文；從梵天的雙臂、胸部出生的，是掌握國家權勢的帝王貴族——剎帝利；從梵天的腰以下、膝以上出生的，是士農工商的吠舍；從梵天的雙腳出生的，是奴隸的首陀羅，永遠被踐踏在腳下的一群。

摩醯首羅天，又稱為大自在天，為婆羅門教的破壞神濕婆，職司暴風雷電，人間所受的苦樂悲喜，和此天的形相一致：當此天現喜相時，一切眾生則安樂祥和；此天瞋恚時，人間則災難禍殃，深受其苦。除此之外，此天有時也現吉祥神像，救護眾生，為佛教的守護神，能知大千世界的降雨情形。

三、無色界四天

無色界四天指空無邊處天、識無邊處天、無所有處天、非想非非想處天。非想非非想處天又稱為有頂天，為三界的最高天。

《涅槃經》則把天界分為四種：

1. 世間天：十方世界一切國土的諸大國王，雖然居住在人間，但是卻享受大堂一樣的福樂，因此稱為世間天。

2.生天：一切眾生因修行五戒十善的因，可以享受上昇欲界或色界或無色界的果報，稱為生天。

3.淨天：聲聞、緣覺二乘，斷除煩惱，清淨無染，神通自在，樂比天界，稱為淨天。

4.義天：十住菩薩善解佛法的要義，稱為義天。

此四天如果加上第一義天——佛，則為五天。佛為淨天中之最尊貴者，稱為天中天、天人師。

每年農曆正月初九，是民間拜天公的重要節日，佛教則於此日舉行供佛齋天的法會，除了釋梵天王之外，其他如金剛密跡、散脂大將、堅牢地神、鬼子母、娑竭龍王、緊那羅王、雷神大將、韋馱天將、日宮天子、月宮天子、星宮月府、菩提樹王、大功德天、大辯才天、天龍八部、金剛力士等，都普請來受供作客，表達佛弟子們對護法諸天，一年來辛勤守護的感激之情。

生天的因緣條件

修持五戒十善的眾生，可以得生天的果報。根據《正法念處經》載，如果能奉持不殺生戒者，可以得生四天王天；奉持不殺、不盜者，可以得生三十三天；奉持不殺、不盜、不邪淫者，可以得生夜摩天；奉持不殺、不盜、不邪淫、不妄語、不兩舌、不惡口、不綺語者，可以得生兜率天乃至他化自在天。五戒十善是求生天道的根本業因。

諸天的婚禮嫁娶

閻浮提等四洲以及四天王天、忉利天，以男女肉體和合成欲事；夜摩天以相抱成欲事；兜率天執手成欲事；化樂天以共笑成欲事，他化自在天以相視成欲事。此六天因為尚有男女情欲，因此稱為欲界。四天王天如果想要索娶天女，要女家允許方可迎娶，或者以重金購買，一如閻浮提的婚禮。其餘欲界諸天的男女嫁娶亦同。色界諸天沒有男女婬事，只有禪定的喜悅。初禪天以遠離情欲、惡事為喜樂，證得離生喜樂，但是尚存有尋有伺習氣；二禪天斷除思索、探究的心理作用，證得無尋無伺的定生喜樂；三禪天則證得離喜妙樂，心與真理合為一體，寂靜平和的境界。

色界雖然沒有男女欲望，但是還有肉體物質，因此稱為色界。無色界則為連肉體物質也超越，精神完全自由的世界。

受胎出生

欲界諸天雖然和人間一樣，有男女行欲，但是胎兒以化生出世，不同於人間的胎生或卵生等。根據《順正理論》，四天王天初出生時的身高如五歲小兒，男生坐母右膝而出生；女生坐母左膝而出生。初出生便知道饑渴，寶器自然現前，盛滿各色各樣美味，福多者飯色潔白，中等者飯色靛青，福薄者飯色則為絳赤。吃飽美味之後，身量迅速圓滿，和諸天等同，並且披有妙好衣服。忉利天等五天初出生時的身高，依次如六、七、八、九、十歲的兒童，果報和四天王天相同。

諸天的身量

根據《大毗婆沙論》所載，四天王天的身長為〇．二五拘留舍；忉利天為〇．

五拘留舍；夜摩天為〇．七五拘留舍；兜率天為一拘留舍；樂變化天為一．二五拘留舍；他化自在天為一．五拘留舍；梵眾天為〇．五由旬；梵輔天為一由旬；大梵天為一．五由旬；少光天為二由旬；無量光天為四由旬；乃至色究竟天為一六〇〇〇由旬。由旬是印度的計算單位，一由旬為八公里至二十二公里不等。欲色二界諸天，愈往上天神的身量愈巨大高長，壽命也增長，福報愈殊勝，環境國土愈莊嚴華麗，而天衣的重量則愈輕。

諸天的壽命

根據《阿毗曇論》，人間五十歲為四天王天的一日一夜，四天王壽命五百歲，也就是人間的九百萬歲（500×50×30×12）；忉利天則為人間的三億六百萬歲（1000×100×30×12）；夜摩天為人間十四億四百萬歲（2000×200×30×12）；兜率天為人間五十七億六百萬歲（4000×400×30×12）；化樂天為人間二百三十億萬歲（8000×800×30×12）；他化自在天為人間九百二十一億六百萬歲（16000×1600×30×12）；……乃至非想非非想處大為人間八萬大劫的壽命。

天人壽命之綿長，實在不是人間的概念可以想像計數。

天衣無縫

《長阿含經》說，四天王天的衣服重十二銖，忉利天衣重六銖，夜摩天衣重三銖，兜率天衣重一銖半，化樂天衣重一銖，他化自在天衣重半銖，欲界六天都穿著天衣，飛行自在，世間繒綵錦緞無法比擬。欲界諸天的衣服，隨心大小，輕重自如，不必如世間衣服需要裁剪，思衣得衣，自然合身，因此稱為天衣無縫。色界諸天則不需要穿著衣服，雖然不穿著，但是如穿著天衣，光明妙勝；頭上雖然沒有髮髻，卻猶如戴天冠一般莊嚴。

諸天的位置寬廣

根據《立世阿毗曇論》記載，從閻浮提（即娑婆世界）向上四萬由旬是四天王的住處；向上八萬由旬是忉利天的住處；向上十六萬由旬是夜摩天的住處；

向上三億二萬由旬是兜率天的住處；向上六億四萬由旬是化樂天的住處；向上十二億八萬由旬是他化自在天的住處；……乃至向上一六七七二一六〇〇〇〇（一千六百七十七億七千二百一十六萬）由旬是色究竟天的住處。從閻浮提到色界天，真是遼遠罔極，高處不勝寒。

六欲天各縱廣六十四億由旬；初禪天寬廣如一個四洲；二禪天大如一個小千世界；三禪天則大如一個中千世界；四禪天廣大如一個大千世界。天界之廣袤無邊，實在是不可說不可說，不可以算數計度。

諸天的神通變化

諸天具有神通變化，報身殊勝：飛行來去無礙；天身沒有皮膚筋脈血肉；身體沒有污穢的大小便利；體力飽滿沒有疲倦的感覺；牙齒潔白，方密整齊；頭髮青色，柔軟潤澤；身體清淨微妙，沒有涕唾，能隨意變現大小、粗細、青黃赤白；沒有盜賊，互不相侵；諸天子不互相說惡語；諸天騰虛飛行，天目不瞬；諸天瓔珞自然披身，衣無垢穢；天人自然化生，天女不受生產之苦；諸天身有光明，具大神力。

諸天的飲食

《起世經》記載，一切眾生依賴四種飲食以生存，一為粗段食和微細食，譬如閻浮提的眾生，吃飯麵豆肉等粗段食以維生，並吸取覆蓋按摩、澡浴揩拭、脂膏塗摩等微細食，六欲諸天也都以粗段微細為食。二者觸食，如一切卵生的眾生。三者意思食，如魚鼈蛇蝦等。四者識食，如地獄眾生及識無邊處天。色界諸天從初禪乃至遍淨天以喜為食，無色界以上諸天以意業為食，色界、無色界諸天以禪悅法喜為食，不再需要粗段或微細的食物。

諸天的貧富貴賤

從夜摩天到色究竟天，諸天的貧富平等無差，但是忉利天以下有厚薄貧富的差別果報。福報殊勝的天神，隨著意念，一切具足，飲則甘露盈杯，食則百味俱盛，果報有餘；福薄的天神，雖然有衣服、七寶、宮殿，但是常常缺乏飲食，甚至下凡到人間採摘酸棗以充饑，看來做天神也未必一切自在。

欲界六天及初禪三天有貴賤之別，自此以上諸天，受報平等，沒有貴賤之分。如忉利天中，帝釋為君，三十二天為臣，其餘天眾是民。初禪天中，大梵天是君，梵輔天是臣，梵眾天是民。

諸天的僕乘眷屬

欲界六天有僕從騎乘，騎乘多為雜類畜生，譬如象馬孔雀等；從夜摩天以上便沒有象馬等四足的眾生，即使有象馬等眾生，也是隨心變現，任意駕騎，騎畢便自然幻化生滅。此天以上唯有各種鳥類，做諸天老師，隨時警誡諸天不可放逸懈怠，要精進勤修梵行。

欲界六天各有天女、天子等諸多眷屬，如四天王各九十一子，忉利天則有九十億那由他天女，及無量諸臣。色界諸天由於超越男女相，非男非女，不相匹配，生則化起，死則化滅，無法計算有多少眷屬。

諸天的送終墮落

諸天眷屬死亡不送葬、不焚燒、不土埋、不丟棄，譬如光焰漸漸消失，諸天為化生而有，雖然死亡了沒有屍骸，因此無須埋葬。

諸天有三事勝於娑婆世間：1.壽量長遠。2.形相高大。3.享樂殊勝。但是人間也有三事勝於諸天：1.勇猛。2.憶持。3.修梵行。諸天如果福報享盡，臨命終時，將有五種衰相現前：1.衣裳垢膩。2.頭上華萎。3.身體臭穢。4.腋下汗流。5.不樂本座。過去世帝釋以福報已盡，自知命終時至，將投生於陶匠家驢胞胎中，馳走皈依佛陀聖眾，稽首禮拜之間，忽然命終，投入驢母胎中。當時驢子奔狂，踏壞陶器，主人盛怒，笞打驢子，傷及胎兒，神識還入故身之中，復為帝釋天。

能夠上昇天道享樂，是前世有積十善功德，好比在銀行裡攢聚了一筆財富，辛苦之後的甜美果報。但是如果不知道繼續培福、惜福，寅吃卯糧，等到福報用盡時，還要墮入輪迴，載浮載沉。天道過度安樂，容易放逸忘失，不知道要修梵行；地獄太痛苦，沒有能力精進勇猛；唯有人間最中道，苦樂參半，可以承擔生命的業緣，成就圓滿的慧命。「得人身如爪上泥，失人身如大地塵。」人身難得今已得，既得寶貴人身，如何把娑婆轉化成天堂，乃至人間淨土？兒孫自有兒孫福，未必求天使生天。天，很遠，也很近，就在我們的一念之間。

鬼話連篇

鬼，是佛教的六道眾生之一，佛經稱為餓鬼，和地獄、畜生合稱為三惡途。鬼，自來是個令人又害怕、又刺激、又喜歡談論的話題，許多人都是從孩提時代聽鬼故事嚇大的。鬼電影始終是製片人歷久不衰的賣點，恐怖的僵屍經過電影的包裝，成為老少咸宜暫停呼吸的娛樂。洛杉磯迪士尼樂園設有一間鬼屋，讓平日生活平淡的人受受驚嚇，留下難忘的回憶；漫步在環球影城的街道，更有面目猙獰的鬼魅突然出現擁抱著遊客。

中國民間信仰把清明、中元視為鬼節，長江三峽沿岸更有名聞遐邇的鬼城——酆都，裡面的十殿閻羅、黑白無常、牛頭馬面、鬼卒亡魂，都設計得栩栩如生，氣氛逼真，行走其間，彷彿置身鬼域，不敢罔昧因果，為非作歹。

西方把十一月一日訂為萬聖節，也就是傳統的鬼節。萬聖節前夕，孩子們發揮想像力把自己打扮成各種妖魔鬼怪，手提傑克燈，挨家挨戶去討糖吃。如果受到光臨的人家不給予款待，家裡的門窗很可能就會被塗抹番茄醬之類的東西，而大人們總是很歡喜地迎接這些小鬼光臨。因此，在真實的鬼魅固然令人害怕，真實生活中，心懷鬼胎的偽善者，也讓人退避三舍。其實，在我們周遭何嘗不充斥著鬼道眾生。當我們稱呼某人為冒失鬼、搗蛋鬼、嘮叨鬼、小氣鬼、色鬼、酒鬼、賭鬼、煙鬼時，表示此人在性格上有某些瑕疵。父母稱孩子為小鬼，妻子稱丈夫為死鬼，則表示一種親密的暱稱。因此，鬼不見得都是可怕醜陋的形象，可愛的鬼、正義的鬼，也不乏其例。

中國歷代描寫鬼道的筆記小說、經書典籍非常的多，譬如：《搜神記》、《幽明錄》、《夷堅志》、《太平廣記》、《閱微草堂筆記》、《古今圖書集成．博物彙編．神異典》等，最有名的當首推蒲松齡的《聊齋誌異》了。坊間一些書店，關於談鬼說鬼的書籍，不下千種，可見人們對鬼又愛又怕的情愫。國劇裡以鬼為齣目的如《鍾馗嫁妹》，不僅不恐怖，還饒富趣味。另外，如王魁負了桂英之後，桂英冤魂來追索王魁，演員一身潔白的水袖，舞得觀眾瞠目咋舌，屏住呼吸，煞是好看！禪宗的公案裡面則有一則《倩女離魂》，和時下鬼怪電影的經典之作《倩女幽魂》有異曲同工之妙，只是離魂的倩女少了一分鬼魅怪異，多了一分睿智哲思。

在佛教中，有許多的經典都記載有鬼道的因緣果報，以下取其中重要的內容，對佛教的鬼神思想略做了解。

什麼叫做鬼？

根據《婆沙論》所載，鬼有三種意思：

1、被驅役：墮入餓鬼道的眾生恆常被鬼王獄卒鞭笞驅趕，因此到處逐竄奔跑。

2、有悕求：鬼道眾生肚子脹大如山谷，常常感覺饑餓，但是咽喉卻細如針孔，來不及吞嚥，並且食物一到口邊，便化作烈焰，雖然經過百千歲，也聽不到水名，更遑論啜飲甘霖了。因為經常處在饑餓狀態之中，因此常懷希望，期待其他有情眾生能施予飲食。

3、常畏懼：鬼道眾生看到鬼卒神差固然恐懼畏怯，即使看到人也會害怕驚慌，因此人類遇到鬼魅實在沒有必要嚇得魂飛魄散。

世間上有人如果活在渴欲、畏懼、被脅迫的惡境之中，何嘗不就是人間的煉獄，鬼道的痛苦，人間也隨處可見。

鬼住在哪裡？

鬼住在兩個地方：

1、正住處：餓鬼主要住在閻浮提（人類所居住的一洲）五百由旬深以下的地底，這個鬼城周圍厚有七萬五千由旬，處在九山八海的最外圍，夾在鐵圍山和金山之間，不見日月之光，由閻羅王統率眾多的鬼卒，掌管墮入此道的餓鬼。

2、邊住處：有威德的鬼住在山谷、空中、海邊，所居住的宮殿比人間的皇宮還要富麗，有七寶莊嚴；沒有威德的鬼或者住在污穢的廁所邊，或者住在荒蔓的雜草巖穴中，或者棲息在廢棄的古宅塚墓之間。沒有宅舍可以安身，漂泊流浪，果報比人間卑劣。另有一說：東西南北四天下，都住有餓鬼，東西二方有威德鬼、無威德鬼共住，北方只住有威德鬼，無威德鬼沒有福報住在這裡。天道中的忉利天宮中也住有有威德鬼，為三十三天以及四大天王的眾天神，負責守門、巡防、差遣的工作。

鬼的種類

依照民間傳說，鬼有大頭鬼、吊死鬼、餓死鬼、凍死鬼、燒死鬼、跌死鬼、冤死鬼、水鬼、厲鬼、豔鬼、僵屍鬼等三、四十種。《阿毗達磨順正理論》卷三十一（大正二十九冊．頁五一七）則把鬼分為三大類、九小類：

一、無財鬼

1、炬口鬼：此鬼口中常常吐出猛烈的火焰，燃燒不息，身體好比被火焚燎的棕櫚樹。

2、鍼口鬼：此鬼腹大如山，但是咽喉細如針孔，縱然看到上妙的飲食也沒有福報受用，饑渴難忍。

3、臭口鬼：此鬼口中恆常發出極為惡劣的腐爛臭氣，這個比糞便還要惡臭的臭氣，自薰餓鬼本身，因此此鬼常常對空嘔吐，無法飲食，為饑渴所惱，狂叫亂奔。

這三種鬼都無法享用飲食，因此統稱為無財鬼，佛門中瑜伽燄口佛事所超薦濟度的，就是此類餓鬼。

二、少財鬼

1、鍼毛鬼：此鬼全身長滿剛利如刺猬身毛的鍼，堅毛向內鑽刺餓鬼自體，向外射殺他人，不可靠近，苦痛難當。偶爾能夠得到一些不清淨的食物，稍療饑渴。

2、臭毛鬼：此鬼身毛惡臭勝於糞便，重爛自身肌肉骨胳，甚至腐朽腸胃，氣衝喉嚨，嘔吐難忍。如果拔去臭毛，皮綻肉裂，痛苦加劇，偶爾也能得到不淨食物療饑。

3、癭鬼：此鬼咽喉生大癭，癰腫熱痛。癭鬼們彼此剝擠腫瘤，飲啜流出的臭膿，聊充饑餓。世間上患了鼻咽癌的病人，其問的痛苦簡直就是癭鬼的如實寫照。

這三種鬼稍有不淨飲食的果報，因此稱為少財鬼。饑饉的非洲、乾旱的災區，明知骯髒的糧食、飲水只有加速身體的羸弱，好比癭鬼吸膿一般只好食用。因此有福報享用的時候，應該要惜福培福，切莫浪費一粥一飯。

三、多財鬼

1、希祀鬼：此鬼常在廟祠中享受祭品，具有神足通，猶如飛鳥一般遨遊於虛空，沒有阻礙。

2、希棄鬼：此鬼常常以他人丟棄或嘔吐的殘留物為飲食。由於業力的牽引，污穢的食物在他看來卻如珍餚美味，而珍饈佳餚在他眼中卻是難以入口的東西。

3、大勢鬼：此鬼具有大威勢，或者住在樹林山谷，或者住在虛空宮殿、人間靈廟，所享受的福報與天神相同，如夜叉、羅剎等。

多財鬼為宿生攢積財寶，但是卻慳吝不知施捨，因此生在此道，如土地神、城隍爺等都屬於多財鬼。

另外，《正法念處經》卷十六（大正十七冊．頁九二）則把餓鬼分為三十六種：

1、鑊身鬼：受雇於他人而行殺生惡業，如職業槍手，或者別人寄放財物抵賴不還，則受鑊湯煮的苦報。

2、針口臭鬼：以財物雇人去行殺戮，則受此報。咽喉如針孔，滴水不能進，饑渴之火焚燒身心。

3、食吐鬼：積財吝貪，不能施與他人乃至自己眷屬，受吃嘔吐穢物的果報。

4、食糞鬼：誆騙眷屬，私下自己飲啖食物，受吃糞果報。

5、食火鬼：禁奪他人食物，使對方死亡，受食火果報。

6、食氣鬼：自己獨自享受美食，不知施養妻子，妻子只能嗅其香氣，並且教唆別人也不給妻兒生活所需，這種不負責任的丈夫受常困饑渴，只能嗅空氣為生的果報。

7、食法鬼：為求名聞利養而為他人說法，受身肉消盡饑渴煎迫的痛苦，蒙出家人說法才能活命。

8、食水鬼：賣酒給人時加入清水矇騙顧客，受如火燋燎的痛苦，需要飲水以止渴。

9、希望鬼：買賣評價，短少斤兩，欺誆對方取得財物，常患饑餓，當有人對先亡父母祭拜時，希望鬼能得此祭品食用一二。

10、食唾鬼：以不清淨的食物欺瞞出家人食用，受身體常被燒煮的苦痛，以吃別人的涕唾為生。

11、食鬘鬼：盜取佛寺的花草樹木以莊嚴自己，受吃花鬘果報。

12、食血鬼：前世殺生吸食眾生血液，如西方電影中的吸血鬼等。佛陀前生曾出生為國王，以鮮血供養五個吸血羅剎，並且發願未來成佛，一定首先度化這五個吸血鬼，這五個吸血鬼就是五比丘的前身。

13、食肉鬼：買賣眾生的身肉，實少言多，以賤為貴，巧取豪奪，墮入食肉餓鬼道中，享用祭祀時的雜肉。

14、食香鬼：販賣不好的劣香，並且詐取高價，墮入此道，吸食裊裊香火。

15、疾行鬼：破除戒行，或者照顧病人時不給予醫藥、飲食，反而自己食用的人，墮入疾行餓鬼道。此鬼常常遊行於塚間，樂近死屍，以火焚燒自身，飛行迅速，一念可至千百由旬，因此稱為疾行鬼。

16、伺便鬼：謀誑別人財寶，喜好鬥諍，以恐怖逼人者墮於此道，以吃別人的不淨穢物活命。

17、黑闇鬼：枉法求財，陷人於囹圄牢獄者，受黑闇鬼報，常墮黑暗鬼域之中。

18、大力鬼：依恃勢力強奪別人財產，並且轉贈惡友，如世間的流氓幫派，死後成為大力鬼，雖然有大力神通，但是常有無量苦惱餓鬼圍繞於左右。

19、熾然鬼：陷破他人城郭，殺害他國百姓，墮入熾然鬼道，常為烈火燒灼。

20、伺嬰兒便鬼：前生自己的嬰兒為他人所殺，便發惡誓，來世為夜叉反殺別人的孩子。此鬼專門躲在婦人生產的所在，嗅聞氣血，伺食嬰兒大便，斷害小生命。

21、欲色鬼：前世不正邪淫墮入此道，常常化為豔麗女子，或者變成美貌男子，漫遊一切場所，迷惑人類，與之媾合交會。《聊齋誌異》中有許多的豔鬼情事就是此類欲色鬼，世間貪愛奸婬的人要慎防墮為欲色鬼。

22、海渚鬼：住在海中卻不見滴水的惡鬼，只能以朝露活命。前世常遊行於曠野，騙取旅人財物而墮入此道。

23、執杖鬼：此鬼前世為國王宰臣的豪貴門客，仗恃權勢作威作福，專門欺壓善良，死則墮為執杖鬼，為閻羅王所差遣，本身也要受種種痛楚鞭打。

24、食小兒鬼：以咒術神異誑惑病人，假言為對方除災，實則斂取金錢的人，死後墮入地獄，後受食小兒果報。

25、食人精氣鬼：欺騙親友，使他衝鋒陷陣，戰死沙場，不加以救護，並且摽掠他的遺產者受此報。

26、羅剎鬼：以殺生靈為樂事，設歡宴大會以娛樂。死後為羅剎鬼，常常被饑火所焚燒，奔馳四方尋找飲食。

27、火燒食鬼：遠離善友，嫉妒心強，喜歡偷食僧團的東西，死後先墮地獄，後受火爐燒炙的痛苦。

28、不淨巷陌鬼：拿不淨的食物給梵行清淨的人吃，便墮為此鬼道，常住在充滿蛆蟲的廁所、曠野廢墟之中。以糞便為食，一月半月才得一食，即使如此，守糞諸鬼，強打他的肚子，使他吐出腹中的糞便，餓鬼道眾生的饑渴之苦可想而知。

29、食風鬼：看見出家人或貧病者來托缽乞食，妄言要施給，實際上誆騙戲耍對方，使對方受寒冽饑凍，死後則受食風果報，張口求食，風從口入，以為飲食。

30、食炭鬼：掌管監獄的典主刑獄，嚴刑峻罰犯人，不給飲食，讓犯人吃泥土，以維續生命。此典獄者死後墮為食炭鬼，常徘徊於墳墓，以燒死屍的煙火為食物。

31、食毒鬼：以毒品飼人，使對方喪命，死後墮入地獄，後為食毒鬼，住在毒獸毒氣熾盛的嶮巇山窟，以毒藥丸為食，社會上許多製毒、販毒、吸毒的人，其實就是人間的食毒鬼魅。

32、曠野鬼：破決池塘，使池水乾涸，使人熱渴而死，脅迫旅人讓他疲憊渴乏，交出財物。死後成為曠野鬼，奔走於荒郊野外，如麋鹿追逐陽焰，叫喚求水。

33、塚間食灰土鬼：看到信徒拿花鬘來供佛，盜取此花，或轉而販賣，或自供於家，受此惡報。常食燒死屍的熱灰土，並且有鐵鬘戴於頭上，火焰俱起，頭面潰爛。

34、樹下住鬼：前世看到有人施捨林木，做為行人樹蔭，以嫉妒貪欲砍伐樹木，盜取僧團園林，死後墮為此道，住於樹木之中。

35、交道鬼：盜取行路人的糧草，死後受鐵鋸截身的苦報，住於四交道中，遇人有祭祀時，才能略食活命。

36、魔羅身鬼：說邪見法，壞人正信慧命，行於邪道的魔王魔孫就是魔羅鬼，又稱惡鬼，最喜歡擾亂有梵行的修行人參禪精進，破人善法。其果報如地獄的痛苦，得不到休息。

為什麼會變成鬼——業因報應？

民間有一個習慣，親人死了，往往把他當作鬼道的眾生來祭拜，這是個大不敬的行為。事實上，人死了不一定就墮為餓鬼，成為餓鬼道的眾生有它一定的業緣果報。除了《順正理論》、《正法念處經》之外，《鬼問目連經》（大正十七冊．頁五三五）、《餓鬼報應經》（同．頁五六〇）都詳載餓鬼受報的因緣。

有一天晨曦剛露出曙光，神通第一的目犍連尊者著衣持缽來到恆河，波光粼粼的河面突然映現出一群醜陋的臉孔，目犍連抬頭一瞧，什麼時候恆河邊聚集了無法計數的餓鬼，頭髮蓬亂，身體羸瘦。看到尊者，餓鬼們紛紛圍聚過來，合掌問訊。尊者在岩石上結跏趺坐，盤腿坐定，餓鬼們便迫不急待地合十發問，展開精彩的前世今生問答：

「為什麼我常常頭痛，是我前世造了什麼罪業？」

「你過去世做人的時候，喜歡用木杖敲擊別人的頭顱，因此受頭痛的笞撻。」

「我有無量的錢財珠寶，但是我為什麼喜歡穿著敝壞的衣履？」另一鬼問。

「那是因為你過去世行布施、做福德的時候，不知道喜捨的快樂，布施以後心生後悔，因此穿著壞衣。」

「我為什麼居無定所，遭受飄泊流離的痛苦，棲身在陋巷街頭呢？」一鬼又問。

「過去世有人向你借宿，你不但不給予安單，並且阻止別人招待賓客。」

「我的肚子腫脹如水缸，但是我的咽喉卻細小如針尖，美妙的飲食對我來說像糟糠火焰，為什麼我會招致如此悲慘的境遇？」一鬼又問。

「那是你過去有錢有勢，欺壓迫害老百姓，強力索取他們的稻穀，陷他們於饑餒之中。」

「我有幾個可愛的兒子，但是不幸都早夭而死，為什麼我要遭遇這白髮送黑髮的喪子之痛？」一鬼又問。

「當你的孩子無知殺害小動物的時候，你不但不加勸阻，反而教他食啖眾生的血肉，殺生所以得短命夭壽報。」

「我的身體為什麼遍處疼痛難當，筋骨好像鬆散一般？」一鬼又問。

「你前生喜歡打獵釣魚，把網捉到的魚類丟投到沙土上，令魚兒受到凌遲之苦而死，因此得到銼骨鞭體的痛苦。」

「我一生愚癡無知，學什麼忘什麼，不懂人世道理，這是什麼原因？」一鬼又問。

「你過去世強行勸人喝酒，沽酒給別人喝。喝酒能亂智慧，所以一生愚昧無明，不聞佛法。」

「為什麼我會全身長滿爛瘡，臭氣熏人，痛得我無法忍受？」一鬼又問。

「你做人的時候，不知道長養慈悲心，愛護生命，焚撓山野，殘害許多的無辜眾生，並且吃食豬羊動物，滿足一時的口腹欲望，換來累劫的罪業禍殃。」

「我經常吃了一斛的糧食，但是仍然飢腸轆轆，永遠沒有飽腹的感覺？」一鬼不解地問。

「過去你雖然也知道以飲食布施沙門或者貧困的人，但是你總是故意減少米飯，讓對方吃不飽，因此受吃不飽的報應。」

「我雖然有身體，但是我的雙腳卻跛蹇不能行走，請尊者點我迷津。」一鬼虔誠地問。

「你過去做人時，喜歡虐待小動物，把動物關禁在籠子裡，剝奪牠們行走的機會，因此得跛足果報。」

「我的身體裡面總是感覺有滾滾岩漿在沸騰，好比大熱地獄一般，這是什麼原因？」

「前世你嫉妒心重，以熱湯燒灼你的情敵，因此受烈火煎熬的痛苦。」

「我每天都活在恐怖畏懼中，害怕有人來繫縛我、綁架我。」一鬼又問。

「你前世喜歡拈花惹草，侵犯他人婦女，害怕別人發現你的惡行，因此心中常常不得安寧。」

目犍連所度化的這些餓鬼，在我們的周遭比比可見，尊者所開示的因緣業報，對於現代人的修身養性，仍然具有超越時代性的啟發，切莫貪嗜劍上的蜂蜜，為一時的甜頭失去永遠的舌頭。

鬼的壽命形狀

高大的餓鬼身高有一由旬長，矮小的如三歲小兒，更小的只有三寸長。餓鬼的壽命長則八萬四千歲至一萬五千歲。人間五千年為餓鬼的一日一夜，因此餓鬼的壽命如以一萬五千歲計算，至少也有人間的二千七百萬歲，可見其受苦時間的漫長難挨。餓鬼的形狀，有威德鬼如天神一樣莊嚴端正，宅舍宮殿，僕使衣食，具足無缺。無威德鬼則相貌醜陋，頭如大山，上長蓬髮、腳如朽腐枯木，拄杖而行、口中常常唾涕垂涎、耳內生膿、眼中出血，到處浮遊，受驅使逐趕。縱然晝夜遇到了人，也要趕快退避隱處。

鬼的故事

在《撰集百緣經》卷五（大正四冊．頁二二二）有多則墮入餓鬼的因緣故事，《法苑珠林》卷六（大正五十三冊．頁三一四）則摘錄中國歷代的警世感應。《譬喻經》中各有一則鬼鞭打死屍、鬼為死屍散花的故事，啟發世人身能行善生天，身也能為惡入地獄，能不謹慎戒懼？《大智度論》有一則二鬼爭屍的巧喻，最能闡明諸法無我的甚深妙意。《法苑珠林》引《列異傳》，說南陽宋定伯遇鬼的故事，把人類陰險奸詐的面目披露無遺。

宋定伯夜間趕路，途中遇見了鬼，定伯很機伶地問：

「你是誰？」

「我是鬼呀！」

鬼反問定伯：

「你又是誰？」

「我也是鬼呀！」定伯故作鎮定地回答。

「你要到哪裡去？」鬼好奇地問。

「我要進城去呀！」定伯據實以告。

「好極了！我也要進城去，我們兩個可以結伴同行，途中有個照料就不寂寞了。」鬼高興萬分地邀定伯。定伯心中一慘，只好不露聲色，硬著頭皮上路。

行行復行行，走了幾里路，鬼終於開口說話了：

「照我們這樣的速度，雞鳴天亮也到不了城裡。這樣好了，我們互相揹一程，趕趕路，你看如何？」

鬼於是揹起定伯，沉甸甸地好似千斤錘，鬼問道：

「咦？你怎麼這麼重呀？我們鬼身體沒有重量，我看你不像鬼。」

「鬼大哥！小弟我是剛死的新鬼，所以比較重。」定伯打了個妄語，竟然誆住了老實的鬼。

一人一鬼兼程趕路，到了一條溪畔，鬼以神足通凌波虛度飛過了彼岸。定伯奮力地游水而過，發出嘩啦嘩啦的水聲，驚得鬼制止道：

「噓！你太大聲了，等會兒把人吵醒了，我們就慘了。」

眼看天色漸漸明亮，城郭隱現在闇黑的天際，定伯一計心生，神閒氣定地問鬼道：

「鬼大哥！我因為新死，對於我們鬼道的事情不太清楚，我們鬼最害怕什麼？」

「嗨！你可問對了，我最清楚了，我們鬼最怕人吐痰。」

狡猾的定伯趁鬼沒有注意的時候，一口濃濃的黃痰向鬼身上一吐，鬼立刻痛苦地縮成一團，變成一隻柔順的綿羊，賣得了一千五百錢。

心懷鬼胎的人，比鬼還要可怕。

蘇軾被派到密州當太守，碰到蝗蟲災害，把莊稼吃得精光，蘇軾率領百姓總算把蝗災滅除了。朝廷派宰相王安石來視察，一看密州的農作物長得很茂盛，便問：
「別的州縣都在鬧蝗災，為什麼只有密州的莊稼長得特別好呢？」
蘇軾正要回答，隨行的孫書辦卻一臉諂媚地奉承說：
「那全仗相爺您的威德感召呀！這兒的蝗蟲原來也是吃莊稼的，因為相爺您推行新法，蝗蟲也受到德化，改吃草不吃莊稼了。」
三人邊說邊行，來到一座石橋，對面來了一個推車人，擋住了當朝宰相的去路，孫書辦趕緊上前吆喝：
「還不滾到一旁去。」
出手就去推擠推車人，推車人一怒，嗚哇嗚哇地大叫起來，王安石一聽，莞薾一笑說：
「原來是個啞巴！」
「不對，他說得話有道理哩！」蘇軾慢條斯理地說。
「哦！你聽得懂他說什麼？」
「他說：前世閻羅王要他投胎做人，他對人間的爾虞我詐失去了信心，說什麼也不願意。閻羅王利誘威逼，讓他出生富貴人家，否則就把他下油鍋、上劍林。此人情急要閻羅王答應他一個條件，才肯投胎為人。」

「什麼條件？」

「他縱然做人，但是不說人話，只說鬼話。」

「哈哈！蘇學士，想不到你也鬼話連篇呀！」王安石大笑道。

蘇軾瞄了孫書辦一眼，語重心長地說：

「這世間說鬼話的人實在太多了！」說完又目不轉睛地看著王安石，說：

「因為這世間有人愛聽鬼話，因此有人愛說鬼話。」王安石悻悻然收斂了笑容，孫書辦的臉色一陣紅一陣青。

連篇的鬼話偶爾可以聽聽，但是鬼事卻絲毫做不得，尤其是欺騙鬼神傷天害理的事，更是不可輕犯。平生不做虧心事，半夜敲門鬼不驚。凡事心存因果，攝護六根，必能遠離三途惡道，切忌做個人間的惡鬼，傷害善良。

夢話連篇

自從西方的心理學家佛洛伊德對夢做詳盡的精神分析之後，關於夢的研究突然引起更多人的關注與興趣。其實中國從殷商以來，歷代便設有占夢官，為皇帝解釋千奇百怪的夢兆，占夢官並且把它編纂成占夢書，至今猶有周宣《占夢書》、《周公解夢書》等六種敦煌殘卷傳世，帝王有時利用夢兆來鞏固政權，剷除異己。

古今中外的大夢

民間對於夢境則有各種的說法，大體不外吉夢與凶夢，《詩經．小雅》記載：「吉夢維何，維熊維羆。」因此，後世以夢熊之喜來祝賀友人生子得男。清錢謙益〈秦淮花燭詞〉之七：「繡佛旛前祝夢熊，金光夫婦宿因同。」另外，春秋時代的鄭文公寵妾燕姞夢見天使賜給蘭花，不久生下鄭穆公，並且命名為蘭，後世因此稱婦女懷孕為夢蘭，如北周庾信〈奉和賜曹美人〉：「何年迎弄玉，今朝得夢蘭。」

西洋有名的夢，如：《愛麗絲夢遊記》、《仲夏夜之夢》，滿足許多人夢幻美麗的童年。中國有名的夢不勝枚舉，譬如宋玉〈高唐賦〉記述：昔日楚王曾遊高唐，夢中遇見巫山女神，留下「旦為朝雲，暮為行雨」的韻事佳話。《南史．江淹傳》描述：江淹一日宿於冶亭，夢見一位自稱郭璞的書生對他說：「我有一枝彩筆寄放在你那裡多年了，今日特來討取。」江淹於是自懷中掏出一枝五色彩筆，交給書生。從此詩文中不再有佳句，時人稱之為「江郎才盡」。同樣是夢筆的情況，晉朝的王珣以及唐李白就幸運多了。王珣夜夢陸倕送給他一束青鏤管筆，文思泉湧，人為進步。李白則在少年時夢見筆頭生花，後來天才洋溢，名聞天下。

中國古典文學著作中，以夢為書名，或者與夢有關的書籍不乏其例，例如《東京夢華錄》、《夢粱錄》、《夢𥔵記》、《夢溪筆談》等等，其中尤以清朝第一小說的《紅樓夢》，歷古今而不衰，深為士子所好讀，紅學甚至成為近代顯學之一。另外，湯顯祖的臨川四夢——《南柯記》、《邯鄲記》、《牡丹亭》（又名《還魂記》）、《紫釵記》，最為膾炙人口，耳熟能詳。

《南柯記》就是南柯一夢，故事記載淳于棼家住廣陵，宅南有一棵修長茂密的古槐樹。一日淳于棼醉臥綠蔭下，夢見至大槐安國，娶公主為妻，任南柯太守二十年，育有五男二女，都官顯爵高，威勢顯赫。後來與敵國戰爭挫敗，公主也病亡，被遣送回國，妻亡子散，悚然驚醒。卻見自己橫躺樹下，童僕正拿著帚箒打掃颯颯飄落的滿地枯葉，天邊一輪斜日未隱，抹得天際殷紅斑斕，原來一世的榮華富貴不過是半日光景；再看那桃源仙境，竟然是槐南枝下的蟻穴。後人因此把人生的浮虛倏忽喻為南柯一夢。

《邯鄲記》又稱為黃粱夢，故事敘述盧生在逆旅中，遇到一位道者呂翁，自嘆窮潦困頓，仕途坎坷。呂翁於是給他一個枕頭說：「你枕此安眠，必能諸事順遂，享盡人間富貴。」盧生果真以枕枕頭，欣然入睡，當時主人正在蒸煮黃粱。夢中盧生娶崔氏為妻子，容貌秀麗，生有五子。盧生後來高中進士，累官至節度使，大破戎虜，朝廷拜為宰相十年，五個兒子也個個官位顯赫，孫子數十人承歡膝下，名重一時，至八十歲才福壽圓滿以終。盧生醒來一看，爐灶上黃粱還尚未煮熟，而自己已歷經生老病死的一生，真所謂浮生若寄，剎那生滅。

《牡丹亭》描寫杜麗娘在夢中與秀才柳夢梅相遇於牡丹亭，兩情相悅，互訂終身，醒來後相思罹疾而死。後來杜麗娘重生與柳夢梅才子佳人終成美眷。杜麗娘的一場遊園驚夢，留下「良辰美景奈何天，賞心樂事誰家院」戲曲的千古名唱，而遊園也成了中國古典文學的名夢。

中國最有名的夢，莫過於莊子的夢蝴蝶了，莊子在〈齊物論〉中說：「昔者莊周夢為蝴蝶，栩栩然蝴蝶也。自喻適志與！不知周也。俄然覺，則蘧蘧然周也。不知周之夢為蝴蝶與？蝴蝶之夢為周與？周與蝴蝶，則必有分矣！此之謂物化。」究竟是莊周夢蝴蝶，還是蝴蝶夢莊周？其實莊子所要告訴我們的是生死一如、萬物一體的思想，也就是我即蝴蝶，蝴蝶即我，物我兩忘，同體共生的生命觀。

一場千年名夢

佛教中也有關於眠夢的記載，佛教的東傳中國，甚至和一場夢有密切的關係。根據《牟子理惑論》、〈四十二章經序〉、《後漢書》等典籍記載：東漢孝明皇帝於永平年間夢見金人，飛空而至殿庭，帝欣然悅之。第二天，上朝問群臣此為何神，當時有通人名傅毅回答明帝，傳說天竺有得道者，世稱為佛，身有日光，即此金人也。明帝於是派遣蔡愔、秦景等人至大月氏，以白馬馱回《四十二章經》，並且在洛陽城西建白馬寺。明帝的這一場金人之夢，開啟了中國大乘佛教一千多年的歷史序幕。

佛教對於夢有什麼看法？下面試從經典的有關記載歸納如下：

夢的譬喻

一般人常常說人生如夢、夢幻人生，佛經也以夢來譬喻諸法的虛幻短暫，或者說明般若實相的空無自性。例如《金剛經》的名句：「一切有為法，如夢幻泡影。如露亦如電，應作如是觀。」《大般若經》卷五九六（大正七冊．一〇八四頁）以如夢、如幻、如影、如焰、如響、如聚沫、如浮泡、如芭蕉莖、如太虛空、如摩尼寶等十喻，說明般若實相的空不可得。譬如釋夢喻：「夢境自性，都無所有。夢尚非有，況有夢境自性可說：而此般若波羅蜜多實無自性可得宣說。」《大智度論》卷六對此「般若十喻」進一步地詳加闡釋，只是十喻內容有些差異：「解了諸法如幻、如焰、如水中月、如虛空、如響、如犍闥婆城、如夢、如影、如鏡中像、如化。」《維摩詰經》卷上（大正十四冊．五三九頁）則以如夢等十喻來說明身體的無常危脆：「是身如聚沫，不可撮摩；是身如泡，不得久立；是身如炎，從渴愛生；是身如芭蕉，中無有堅；是身如幻，從顛倒起；是身如夢，為虛妄見；是身如影，從業緣現；是身如響，屬諸因緣；是身如浮雲，須臾變滅；是身如電，念念不住。」身體為四大假合，虛妄如夢，不能長久保有。

唐宋詩人更以夢中夢來譬喻人生的飄渺不實在，虛假不真確。如唐．李群玉〈自遣〉詩：「浮生暫寄夢中夢，世事如聞風裡風。」宋．黃山谷詩：「似僧有髮，似俗無塵，作夢中夢，見身外身。」

為什麼說人生若夢？因為夢是短暫的，夢似真還假，彷彿人生的須臾無常、變異生滅。《莊子．齊物論》說：「夢飲酒者，旦而哭泣；夢哭泣者，旦而畋獵。方其夢也，不知其夢也。夢之中又占其夢焉，覺而後知其夢也。凡有大覺而後知此其大夢也，而愚者自以為覺，竊竊然知之。」夢中飲酒作樂的人，早晨起來也許遇見挫折的事而哭泣；反之，夢中遭遇不幸悲泣的人，第二天清早也許有畋獵的快樂事，人生就像夢境一樣，虛虛假假，苦樂不由己。問題是人們在夢中卻不知道自己在作夢，甚至在大夢的人生中作夢。只有大覺之後，才知道人生不過是一場幻夢，但是愚癡的人卻自以為清醒，繼續作著糊塗夢。

〈永嘉大師證道歌〉說：「夢裡明明有六趣，覺後空空無大千。」生命如作夢，忽而為人，忽而為畜生，張王李趙、驢馬牛羊，上下六道，輪轉不息，但是大徹大悟之後，跳出三界輪迴，自性本自具足，不增不減，不滯於一法。因此，覺悟的人雖然大運悲心，普施法雨，卻也不執著於眾生相，一切因緣果報不過如同夢中佛果罷了。佛教詩偈說：「啟建水月道場，大作空花佛事，降伏鏡裡魔軍，成就夢中佛果。」就是此意。

其實，夢的譬喻也不局限於對世事的無常感嘆，有時夢也象徵著理想憧憬，像孔子就慨嘆自己「久不夢見周公矣」！夢見周公是孔子推揚周朝典章制度，禮樂精神的文化關懷，看來人生保有一份夢想，還是不可多得的幸福。

夢的原因與分類

《善見律毗婆娑》卷十二（大正二十四冊．七六〇頁）記載夢有如下：

1、四大不和：睡眠中夢見山崩地裂，或者夢見自己飛騰虛空，或者被虎狼、獅子、盜賊追逐逼害，是因為身體四大不調和所引起，通常這種夢境是虛妄不真實的。

2、先見而夢：白天看到某一種景象，或白或黑，或男或女，晚上就作夢。先見之夢就是一般所說的日有所思，夜有所夢，也是虛妄不真實的夢。

3、想夢：一個人的前生如果行善有福德，便出現善夢，如果罪障深重，便出現惡夢，這種夢境叫想夢。如摩耶夫人夢見六牙白象從忉利天入她右脅，不久而懷孕，就是想夢。另外夢見自己禮佛誦經，乃至持戒、布施等種種功德，也是想夢。是平日種子薰習所致，為真實的夢。

《大智度論》卷六（大正二十五冊．一〇三頁）、《華嚴經隨疏演義鈔》卷二十一，把夢分為五類，並且認為五者皆虛妄：

1、熱氣旺盛的人多夢見火，夢見紅色、黃色，譬如鑽木得火，因為煖相分多，生起煖想，因此夢見火。

2、冷氣強大的人多夢見水，夢見白色，譬如鑿井得水，因為冷相分多，生起冷想，因此夢見水。

3、風氣充足的人多夢見飛墜，夢見黑色，好比乘風登高，因為動相分多，生起動想，因此夢見自己在飛墜。

以上三種夢，事實上是四大不調的夢境。

4、聞見多思惟的夢境，一個人平日的見聞覺知、思惟憶念，累積成一種習慣力，譬如打坐參禪、誦經禮佛，因為慣習分多，產生習想，就會夢見熟境。

5、天神與心靈交感，欲令此人知道未來事兆而得夢。如人平日行善修福，事奉天神，念想不忘，因此夢見天神，此即天人夢。

《阿毗達磨大毗婆沙論》卷三十七（大正二十七冊．一九三頁）也將夢境歸為五類，認為五者皆為真實：

1、他引：如諸聖賢、天仙、鬼神、咒術所引而感得的夢境。

2、曾更：先前見聞覺知的事，或者過去曾經積習的種種業緣，因此而感發的夢想。

3、當有：未來即將發生的吉凶事情，夢中先見到預兆。

4、分別：由於憶念思惟、希求疑慮而產生的夢境。

5、諸病：四大不調適，隨其所增而產生彼類的夢境，如前面夢火、夢水、夢飛等三種夢。

《大毗婆沙論》成書最早，認為夢為真實；二百年後《大智度論》出，認為夢乃虛妄；又二百年後，《善見律》出，採折衷立場，認為「四大不和」和「先見」二夢為虛妄不實，「天人」與「想夢」二者為真實。

根據《大毗婆沙論》所說，三界只有欲界有夢，因為色界、無色界沒有睡眠，既然沒有睡眠，便沒有夢。五趣眾生中除了地獄，都有夢；地獄因為受業苦所逼迫，也沒有睡眠，因此無夢。另外，聖者除了佛陀以外，從預流果乃至阿羅漢都有眠夢。佛陀雖然也有睡眠，但是夢為顛倒習氣所感，而佛陀已經斷盡一切顛倒習氣，因此佛陀沒有夢想。

夢的善惡與自性

根據《大毗婆沙論》、《大智度論》、《善見律毗婆娑》，夢或善、或不善、或無記。譬如夢見禮佛拜佛、聽經聞法是善功德，夢見殺盜婬妄是不善法，夢見赤白青黃色則為無記夢。夢境是否會受果報？《大智度論》、《善見律》認為一切法空，夢心微弱，不能集成因緣，因此不能助成果報。況且夢本來就是狂癡法，不應該於夢中行實法而得果報，如果夢為真實法，便不名為夢，因此佛說一切法如夢，不應集成。

《大毗婆沙論》卷三七（大正二十七冊．一九三頁）將夢的自性分為五種：

1、以心、心所法為自性：睡眠之性，因此有過去記憶現於現在夢境的情形。

2、以意為自性：睡眠前的意識作用忽然現於夢中。

3、以念為自性：念指過去至現在，現在乃至未來，相續不斷的記憶作用，以念——記憶作用為自性，因此有過去記憶現於現在夢境的情形。

4、以五取蘊為自性：睡夢中，色受想行識諸蘊輾轉相資成夢事。

5、以一切法為自性：一切的諸法萬象為夢心所緣取。

夢的解析——佛典中的夢

佛教經典中有關夢的經文非常的多，最常見的是佛陀入胎的白象瑞夢，以及佛即將涅槃的悲夢。佛誕生的瑞夢散見於《太子瑞應本起經》卷上、《眾許摩訶帝經》卷三、《普曜經》卷二、《過去現在因果》卷一、《法華經．普賢菩薩勸發品》、《觀普賢菩薩行法經》、《善見律毗婆娑》卷十二、《俱舍論》卷九、《異部宗輪論》、《摩訶止觀》卷二上等經典中；佛入滅的夢兆則散見於《大般涅槃經》卷下、《涅槃經》後分卷下、《大智度論》卷三、《大唐西域記》卷六「拘尸那竭羅國條」、《法苑珠林》卷十及十二等經文。另外，以夢為全經主題的夢經，較重要的有《阿難七夢經》（大正十四冊・七五八頁）、《迦旃延為惡生王解八夢緣》（《雜寶經》卷九，大正四冊・四九〇頁）、《舍衛國王夢見十事經》（大正二冊・八七〇頁）、《給孤獨長者女得度因緣經》（卷下，大正二冊・八五二頁）。

佛陀入胎的夢，根據《太子瑞應本起經》卷上（大正三冊・四七三頁）：「菩薩初下，化乘白象，冠日之精，因母晝寢，而示夢焉。從右脅入，夫人夢寤，自知身重。王即召問太卜，占其所夢。卦曰：『道德所歸，世蒙其福，必懷聖子。』」摩耶夫人白晝感夢，夢見菩薩乘白象，進入其右脅，醒來後感覺身懷嬰兒，國王則請占夢師占卜，確定懷孕聖胎。

佛陀涅槃的夢，根據《大智度論》卷三（大正二十五冊・八〇頁）：一二〇歲的須跋陀，得五神通，住在阿那跋達多池畔。一天夢見所有的人都目盲失去了光明，全身裸露，站立在黑暗之中，太陽墜落地上破裂，大海枯竭乾涸，狂風吹刮須彌山崩垮。他醒來後，非常的恐懼，因為他修得五神通，天神告訴他這是佛陀即將入滅的徵兆。《大般涅槃經後分》卷下（大正十二冊．九一頁）：阿闍世王於佛陀涅槃夜夢見月輪跌落，太陽從地底湧出，星宿雲雨隕墜繽紛，煙氣瀰漫大地，烈火焚燒天際直至地面。王驚怖而醒，詢問群臣，大臣們說這是佛陀將取涅槃的訊息。佛滅度後，六道眾生煩惱橫生，因此大火燃燒於天地之間；佛滅度後，慈光慧雲都消失，因此雲月墜落；佛滅度後，眾生不守戒律，行邪曲法，墮於地獄，因此日輪從地生出。阿闍世王聽了之後，率領群臣連夜從摩竭陀國趕至拘尸那羅城，只見無數兵眾重重守衛著拘尸那羅城，一問之下，才知道佛陀已經涅槃四七日了，王悲泣流淚，禮拜舍利金罏，要求分一舍利回國供養，卻因為來得太晚而無法如願。最後阿闍世王只好帶著永遠的憾恨惆悵而還。

關於佛陀出家成道的夢記載於《過去現在因果經》卷二（大正三冊．六三二頁）：耶輸陀羅睡眠中作了三個夢：夢見月亮墜落晚上，悉達多太子果然騎著白馬，沐著皎潔的月色出城學道出家去了。另外，佛陀在因位時曾為善慧比丘，曾經問普光如來，自己在深山中作了五個奇特的夢：

1、夢見躺臥在大海中。

2、夢見睡枕須彌山。

3、夢見海中一切眾生都進入自己的體內。

4、夢見自己手中握著太陽。

5、夢見自己執持著月亮。

普光如來為善慧解夢說：這是你將來成佛之相，夢臥大海，是你將出生於生死大海的娑婆世間；夢枕須彌，是以大智慧出於生死，得涅槃相；大海中一切眾生入身內，是於生死大海中駕駛慈航做眾生的依怙；夢手執日，是以智慧光明，普照法界；夢手執月，是以方便智入於生死，以清涼妙法化導眾生，遠離煩惱熱毒。

《阿難七夢經》和《舍衛國王十夢經》都是對佛陀涅槃後社會狀況的預言。阿難的七夢和其象徵含意如下：

1、池水火燄滔天：未來佛弟子善心轉少、惡逆之心交熾如火，互相殺害，無法計算。

2、日月星辰沉沒：一切聲聞弟子將隨佛而入滅，眾生的慧眼如日月消墜。

3、出家比丘轉在不淨坑塹中，在家白衣登頭而出：比丘弟子彼此嫉妒，互相殺害，白衣諫訶不從，死墜地獄，而白衣精進，死生天道。

4、群豬觸撞旃檀林：白衣弟子來入塔寺，誹謗眾僧，挑撥是非，破壞塔寺，傷害僧團。

5、頭戴須彌山卻不以為重：佛陀涅槃後，阿難將為千阿羅漢誦出經藏，完成經典結集，多聞強記，一句也不忘記，受悟甚多而不以為重擔。

6、大象拋棄小象：將來邪說橫行，破壞佛法，有德行的人都歸隱不現。

7、獅子王倒地而死，身中出蟲，還食獅肉：佛涅槃後，有佛門弟子自壞戒律，所謂「獅子身上蟲，還食獅子肉」。

波斯匿王作了十夢，佛陀為他解說：

1、三瓶連體，兩邊的瓶子水滿氣沸，彼此交注，但是卻不會流入中央的瓶內：後世的眾生不奉養自己的親人，反而親近富貴強勢的他人，互相酬饋。

2、馬的口吃食物，馬的屁股也在吃食物：後世帝王百官既享國家俸祿，又徵斂民脂民膏，使百姓生活困苦，不安舊土，流離失所。

3、小樹生花：後世人民多被驅役，焦慮憂愁，年未滿三十，卻已經白髮皓皓，好比白花滿樹。

4、小樹生果：後世女子年紀未滿十五，便已經婚嫁生兒，年少多欲，不知慚愧，好比小樹就長果實。

5、一人向主人索討繩子，此人身後跟隨一隻羊，此人並且嚙食繩索：後世作丈夫的出外去經商或從軍，不肖妻子在家與其他男子私通，縱欲享樂，侵佔主人的財物。

6、狐狸坐在金床上，以金器盛食食物：後世卑賤的奴婢轉為富貴有財勢，眾人敬畏；而公侯貴族淪為奴婢，供做差使，坐於下位，飲食在後。

7、大牛吸吮小牛的奶水：後世之人不知禮義羞恥，父母為女兒為媒，誘惑其他男子與女兒私通，得其財貨以自給養命。社會上一些喪失良心賣女為妓的父母，就是啜飲小牛乳汁的大牛。

8、黑牛從四面奔竄而來，互相吼叫，觸鬥而散：後世國王不修政令，君臣交征利，婬妄殺盜，不行忠孝，不敬天地，因此節氣不和，風塵暴起飛沙折木，君民雖祈福天地普降甘霖，但以心不誠敬，雖然四邊雲湧，卻須臾消散，乾旱不雨。

9、大湖的水中央混濁，四周清澈：後世國家政治擾亂，人民不孝順父母，不尊敬長老，不信仰宗教，臣貪官賜，子貪父財，交相爭鬥；而邊陲國家卻政治清明，和樂孝順。

10、從大溪水流一片赤紅：後世各國長年征戰，兵馬攻伐，生靈塗炭，血流如河。

波斯匿王的十個夢兆，對於為政者乃至當今社會仍然是個警誡啟示。另外如給孤獨長者女的十夢，則是佛涅槃後僧團演變的預言；迦旃延為惡生王解八夢，是婆羅門因為嫉妒惡生王皈依佛法，信奉迦旃延尊者，因此歪曲八夢，欲借此打擊佛教，尊者指摘其奸計，並為王解說夢境，可以了解佛教與婆羅門教之爭。

在《華嚴經隨疏演義鈔》卷二二（大正三十六冊．一六六頁），迦旃延以智慧托夢弟子眉希羅王，化除了一場干戈：眉希羅王捨王位出家，在山林中靜坐，恰巧鄰國阿槃地王遊獵到山中，宮人們看到眉希羅，請他說法，阿槃地遍尋宮人不著，怒打眉希羅誘引他的侍從。眉希羅身受痛苦，心生怨恨，決定返國興兵攻討彼國，迦旃延極力勸解也不採納，尊者只好勸他暫留精舍一宿，翌日天明再趕路不遲，當夜，尊者以夢來度化他。眉希羅夢見自己返抵國門，百姓夾道歡迎，於是和大臣們商議戰爭對策。兩軍激烈交戰，眉希羅失手被擒，將被刑戮於廣場，在人群中忽然看到自己的師父，迦旃延說：「當初我如何苦勸你戰爭之荼毒，你偏不從，才有今日的悲慘下場。」眉希羅號啕大哭說：「師父！救命呀！我悔不聽從你的教誨啊！」眉希羅失聲悲號，於夢中悚然驚覺，原來是一場惡夢，趕快報告師父，打消回家的念頭了。迦旃延尊者悠然說道：「度化眾生有時覺化不得，不如夢化得度。」

不管夢境吉凶如何，平時我們如果攝心正念，做好心地功夫，起心動念不離般若，夜寢就不必擔心獨頭意識隨意奔逐，攀緣成夢了。寒山大師有一首詩說：

昨夜得一夢，夢中一團空，
朝來擬說夢，舉頭又見空，
為當空是夢，為復夢是空，
相計浮生裡，還同一夢中。

夢中的一切情境假假真真，真真假假，不必過分罣礙執著，人生固然要心存夢想，但是要腳踏實地付之實踐，必然能轉夢想為理想。

童話連篇

兒童，是一個社會未來的希望，國家明日的主人。民智愈是開發的國家、社會，愈是注重兒童的福利、權益，落後的國度，才會讓兒童飽受暴力、疾病、饑餓，乃至戰爭的痛苦。進步的社會不僅講究孩子的養育問題，更用心於兒童的教育問題，因此兒童的營養學、心理學、教育學等專門學科營運而生。各國政府每年要花費龐大的經費於國民基礎教育，甚至發起民間團體的贊助活動，把人類的希望工程做好；孩子們嬉戲玩耍的玩具，可能成為一個國家的重要歲收；百貨公司的童裝部，永遠是父母們的最愛；五彩繽紛的童話書籍，陪伴許多孩子走過溫馨快樂的童年，如此璀璨珍貴的明日之珠，佛教對兒童又有何看法呢？

四小不可輕

在《雜阿含經》卷四十六中，佛陀曾對波斯匿王說四小不可輕的道理：1、小王子年紀雖小，但是他具有國王的威勢，長大之後，可以掌管一國的政事，因此不可輕視。2、小龍或小蛇：小龍長大成為蛟龍，可以興風作浪，影響天候；小蛇雖小，但是毒性劇烈，可以奪人性命，不能等閒視之。3、小火，星星之火，可以燎原，森林大火，往往是小小的煙火所惹起的，豈可不謹慎？4、小沙彌將來可能成為佛門的龍象，大轉法輪，弘法利生，因此豈能輕視後學？小有時比大還要大，一粒晶瑩剔透的小小鑽石，人們對它的喜愛，勝過粗糙巨大的石頭。

真正的長老

《增一阿含》卷二十二中記載（大正二冊．頁六五九）：

有一次佛陀和弟子們在森林中宴坐，弟子們都非常精進，安住於甚深的禪定之中，有一位耆宿長老因為身體疲憊，不知不覺打起瞌睡來，本來結跏趺坐的雙腿因此散亂失儀，並且筆直地伸向佛陀，而對面八歲的修摩那沙彌卻威儀具足，神色安詳，證入四禪天。佛陀於是觀機說法，闡明真正的長老不在年齡的老少，而在正行的深厚與否。佛陀並且說偈道：

所謂長老者，未必剃鬚髮，雖復年齒長，不免於愚行；
若有見諦法，無害於群萌，捨諸穢惡行，此名為長老。
我今謂長老，未必先出家，修其善本業，分別於正行；
設有年幼少，諸根無漏缺，此謂名長老，分別正法名。

可見除了年齡老、戒臘高，見法正行更是成為長老的必要條件，年少有德也可成為長老。

《大智度論》卷二十二（大正二十五冊．頁二二四）一則有趣的故事，有一個富豪很喜歡供養出家人，並且專門供養年紀老邁的出家人。負責開牌的執事只好請長老比丘們去應供，沙彌們群起質疑道：

「為什麼常住只派遣年老的去應供呢？」

「因為檀越不喜歡年少的沙彌，認為供養鬚髮斑白，齒牙脫落，皮肉鬆皺，步履蹣跚，形體羸弱的長老比較有功德。」

「這位信徒怎麼如此沒有智慧呢？不知道尊敬有德行的聖者，一味執著於老瘦黑的形相。他難道沒聽聞佛陀的教法嗎？所謂長老相，不必以年耆，形瘦鬢髮白，空老內無德的人，不能稱為長老。能夠精進修持梵行，捨離一切罪業的人，就叫做長老。」

沙彌們決定去度化富翁，於是遊戲神通，變成眼皮皺垂如波浪，脊背彎曲如弓箭的皤皤老人，拄著拐杖前去受供。主人看到這些身如楊柳般隨風飄逝的長老，拿出上好的食饌，竭誠的供養。湯熱飯飽，賓主盡歡之際，長老們突然個個變成俊秀年少的沙彌，驚得富翁瞠目咋舌，原來他和得道的阿羅漢聖者錯失了交臂。沙彌們齊聲說道：

一切天與人，無能量僧者。僧以功德貴，猶尚不分別。
而汝以年歲，稱量諸大德。大小生於智，不在於老少。
有智勤精進，雖少而是老。懈怠無智慧，雖老而是少。

能夠精進辦道，完成自己的生命，並且圓滿智慧，去成就眾生的菩提，就是真正的長老。

同樣的事例，後來發生於印度國王禮拜沙彌的典故。印度習俗國王對於僧侶也要頂禮膜拜，有一次國王將出家沙門請至皇宮供養，並且次第行禮。行列中有一位七歲的小沙彌，國王心想：九五之尊的自己怎能對一個稚子禮拜呢？於是把小沙彌拉到角落，萬般無奈地行禮說：

「小沙彌，今天我向你頂禮的事，可千萬別張揚出去喲！」

小沙彌不發一言，忽而跳入缽裡，忽而騰躍空中，看得國王目瞪口呆，小沙彌燦然一笑說：

「國王！剛才我飛躍的事，你也不要告訴別人喔！」

頭，能夠頂禮真理，才顯得出它的尊貴。

佛教的第一個兒童

悉達多太子，四月初八降生於藍毗尼園，九龍吐水，天樂自鳴，繁花競綻，群獸欣躍。四月八日，成為後世佛弟子們感恩欣喜的日子，佛誕日是佛教的兒童節，佛弟子用鮮花、香湯來慶祝這個日子，希望灌沐出自己清淨的真如佛性。悉達多是佛教的第一個兒童，這個兒童一出生，便從柔軟的土地上，一個腳印一個腳印，踏踏實實，踩出七朵潔白芬芳的蓮華，並且發出驚天動地的偉大宣言：

天上天下，唯我獨尊！

一切眾生都將在人間出生，在人間出家，在人間成佛，在人間度眾，在人間涅槃。清淨的蓮華，終究是離不開肥沃的污泥。這天上人間，大我的佛性是最彌足珍貴；這真如自性在佛不增，在凡不減，人人本具，個個天成。如此重要的消息，由獨一無二的佛教兒童——悉達多太子傳播於人間，燈燈相續了二千多年，為娑婆擎住一盞智慧的明燈。

佛陀成道後，返回迦毗羅衛國度化釋迦種族學佛，並且將未出家前所生的兒子引度出家，交給智慧第一的舍利弗教育，佛子羅睺羅於是成為佛教第一個沙彌。

活潑好動的孩子，突然投身戒律嚴謹的僧團，羅睺羅的適應產生了障礙。天生的聰慧，惡作劇成為他調適僧團生活的唯一娛樂，看到別人因為他的捉弄而慌亂無措時，羅睺羅雀躍歡喜。後來由於佛陀的喝斥而幡然憬悟，妄語欺騙好比瓦盆染上污穢，只能裝水洗濯雙足，不能裝盛瓊漿飲用，可以棄之如敝屣。從此羅睺羅收拾少年輕狂的慢心，努力於身心的收攝功夫，終於成為佛陀座前最年輕的長老，躋登十大弟子中密行第一的聖者。由此因緣，佛陀也將一切眾生視為重病的獨子，看成唯一的佛子——羅睺羅一般來呵護照顧，讓每一個眾生都能得到慈父的依怙。

小時了了，大亦必佳

中國歷史上，有許多幼年時候便展露頭角的神童，如七歲能詩的孔融，十二歲拜相的甘羅，但是也不乏小時雖然了了，長大卻未必佳的早夭天才。佛教高僧傳中，卻載錄不少小時即已了了，大亦必佳的法門龍象，摘取一二，作為風範。

舍利弗的舅舅摩訶俱絺羅，本來是婆羅門教的梵志，經綸滿腹，雄辯滔滔。但他的妹妹懷孕後，突然博通諸學，辯才無礙，連長於辯議的俱絺羅也屈居下風。俱絺羅心有不甘，每日發憤讀書，廢寢忘食，甚至無暇修剪指甲，人稱長爪梵志，一心想將妹妹折服，但是卻無法如願。說也奇怪，當妹妹十月生下小外甥之後，判若二人，如同一般的母親，不再有奇才雄辯。舍利弗尊者在母親胎中，就展現他的宿慧，後來成為代替佛陀說法，教化僧團排難解紛的首座弟子。佛陀常對弟子們說：你們要以舍利弗為生母。意思是說，舍利弗的智慧可以長養大眾的清淨慧命，舍利弗是佛教的第一神童。

鳩摩羅什在母親胎中，就能讓母親耆婆無師自通以天竺語言談說佛法。七歲的羅什跟隨母親出家，日誦千偈，過目不忘。一日進入佛殿，將千鈞重的銅磬頂戴於頭上，神色自若，心念一動，譬如須彌壓頂，悟到萬法唯心的道理。十歲時隨著母親越過大戈壁沙漠，前往罽賓求法，遍學三藏十二部，登台說法，和教內教外諸大論師展開辯論，折服大眾，享譽西域，各國國王紛紛來迎請，極盡恭敬。年紀輕輕的鳩摩羅什，彷佛舍利弗再世，充滿智慧，後來將佛法東傳中原，為中國佛教史上四大譯師之一，今日我們閱讀的《金剛經》、《法華經》、《阿彌陀經》、《大智度論》，都出自羅什優美典雅的譯筆。

東晉道安十二歲出家，形貌醜陋，身材短小，不為師長所重視，差遣至田野服役，如是三年，未曾教讀一卷經論。一日，向師父求得《長者辯意經》一卷，有五千多言，工作閒暇展讀。傍晚荷歸，將經書還給師父，並且索取新的經書，師父責怪說：

「早上給你的書還沒有看完，怎麼又來要新的經典呢？」

「弟子已經全部背誦純熟。」

師父將信將疑，又給了他一本近一萬餘言的《成具光明定意經》。第二天晚上，道安又將經典完璧歸還，師父聽他娓娓背來，一字不差。師父訝異極了，自己度了一位法門龍象，從此細心調教，並且推薦至佛圖澄那兒參學。道安以質樸的外貌，雋逸的秉賦，留下「醜僧俊道」的千古美談，而道安大師的「彌天高判」，成為後世經典三分科判的準則。

玄奘大師資稟聰穎，幼年便表現出異於平常孩童的行止。八歲時，父親為他講說《孝經》，講到「曾子避席」時，年幼的玄奘突然斂襟起座，側立一旁。父親問他何故？他恭敬地回答說：「曾子聽到師教況且知道避席，孩兒今日聆聽慈訓，怎能安坐不起？」小小年紀，卻已知曉庠序進退之道。後來家道中落，隨著出家的二哥住進淨土寺，十一歲便能背誦《維摩經》、《法華經》。隋煬帝大業八年，朝廷行文天下，招考出家僧侶。十三歲的玄奘以年齡稚幼，不在資格之內。但是玄奘卻徘徊考場，久久不忍離去。主考官鄭善果生疑質問他，如此垂髫年紀，為何要來出家？玄奘神清氣朗，篤定十足地答道：

「出家乃為紹隆佛種，續佛慧命。」鄭善果驚詫讚歎，破格錄取出家。玄奘後來以二十六歲的年輕生命，發大弘誓願，西去取經，創唯識宗派，成為中印佛教交通史上燦爛的永恆之光！

開創禪宗曹洞宗的洞山良价，六歲的時候，一日突然指著自己的眼睛、鼻子、耳朵，憨態可掬地問起師父：

「師父！這是什麼？」

「傻瓜！這是眼睛、鼻子、耳朵也分辨不清楚。」師父不耐煩地喝斥。

「不對！這不是眼睛、鼻子、耳朵。」

「咦？怎麼不對！」師父納悶地瞪著一雙大眼。

「《心經》明明說無眼耳鼻舌身意，這怎麼又叫做眼睛、鼻子、耳朵呢？」

師父心中一驚，如此利根法器，怎能貽誤天下眾生？趕快把他送到高禪的地方去參學，後來果然成為一代宗師。

傑出的童男、童女

佛經中收錄不少傑出的童子、童女的事蹟，他們實踐六度萬行，各有不同的風貌。文殊師利法王子是七佛的老師，眾生成佛的善導。善財童子以無比的精進勇猛力，展開參訪五十三位善知識的真理之旅，敷演《華嚴經．入法界品》的重重無盡世界。五十三位善知識之中，童男、童女就佔了六位，譬如彌多羅尼童女、天主光童女、遍友童子師、善知眾藝童子、德生童子、有德童女，他們各有自己獨特的法門功行，不讓於年長的菩薩。《長壽王經》中，長生童子以包容慈悲感化了惡王，消弭了輪轉不休的世代恩仇；《菩薩睒子經》中，十歲的睒子事親至孝，帶著雙盲的父母歸隱山林，過著與麋鹿為群的逍遙生活，後來甚至為了替父母取水，而喪生獵人的弓箭之下。睒子進而把孝順父母的愛心擴大地眾生，踩踏於大地，唯恐斲傷草木山河，這就是同體大悲的慈愍胸懷。在《尸迦羅越六方禮經》中，禮拜佛陀對著東西南北上下等六個方位的善生童子，揭櫫了佛教向東拜父母、向西禮拜丈夫（或妻子）、向南禮拜師長、向北禮拜朋友、向上禮拜沙門、向下禮拜僮僕的倫理觀，闡發了佛教對地理方向的看法。其他，佛陀對童子們所說的法遍載於大藏經中，譬如：《離垢施女經》（大正十二冊．頁八十九）、《得無垢女經》（大正十二冊．頁一〇一）、《童子三昧經》（大正十二冊．頁九二八）、《無言童子》（大正十三冊．頁五二二）、《善思童子經》（大正十四冊．頁六〇五）、《月上女經》（大正十四冊．頁六一五）、《逝童子經》（大正十四冊．頁八〇一）、《金耀童子經》（大正十四冊．頁八五〇）、《金光王童子經》（大正十四冊．頁八五三）、《光明童子因緣經》（大正十四冊．頁八五四）、《金色童子因緣經》（大正十四冊．頁八六五）、《月光童子經》（大正十四冊．頁八一五）等等。

以下試摘錄大眾耳熟能詳的典故，進入童子的智慧世界。

《五母子經》（大正十四冊．頁九〇六）記載：有一個七歲的童子和證得阿羅漢果位的師父在深山出家修行，沙彌的根器銳利，八歲的時候就證得天眼、天耳、神足、宿命等四種神通。有一天，沙彌禪坐思維，以宿命通觀看自己的過去因緣，不禁啞然失笑，師父就問他原因，沙彌說：

「我看到自己過去世有五個母親，晝夜都在為我悲啼傷心，每個母親都說日日夜夜憶念著我這個可愛的孩子，飽受喪子的錐心之痛。我心想：我以一個虛幻的肉體竟然毒害五個母親，讓他們生活在痛苦的煎逼之中，何其愚癡啊！因此才啞然失笑。」

「你一個人怎麼讓五位母親終日倚門翹望，思念殷切呢？」

我出生在第一個母親家中時，鄰坊有童子和我同時出生。我體質羸弱，出生不久便夭折了。後來鄰居的孩子漸漸長大，能扶著牆沿走路，我的母親見了，便涕淚滿面地號啕說：假如我的嬌兒還活著的話，今日也能走路了。

我投胎第二個母親，出生沒幾個月就死了，母親看到別人在哺乳孩子，便掩面啼哭說：我空有甜美的乳汁，卻無法哺餵我的孩子呀！

我又到第三個母親家投胎，長到七、八個月，不幸生病死了，母親每天端著飯碗，不禁悲從中來啜泣說：誰來和我共享這一碗美味的盤中飧呢？然後自己和著眼淚，把飯食一口一口地吞嚥下腹。

我到第四個母親家投胎，長得活潑健壯，十幾歲的美少年，極得父母的鍾愛。母親正慶幸獲得麟兒，在一次意外事故中，我又失去了年輕的生命。幾年後，我的童年玩伴聘娶媳婦，母親悲傷難抑說：我的孩子如果還健在的話，今日也當娶妻生子，讓我享受含飴弄孫的天倫之樂啊！

最後，我出生到現世的母親家中，厭離世間憂苦，因此割愛辭親求道，但是我的母親每天愁惱說：我的孩子究竟到哪裡去了？生死饑寒也不能相見呀！

今天，我以宿命觀照，五個母親相聚一處，彼此都為失去自己心愛的孩子而悲痛不已，但是卻不知道所悲痛的對象，竟然是同一個人啊！世間情愛，痛苦根源，輪迴流轉，生命不死。思念及此，不禁為眾生的愚癡而可笑啊！

小沙彌的話，蘊涵著大智慧，可以給天下父母深思。

《法華經》中（大正九冊．頁三十五），八歲的龍女獻寶珠給佛陀，與諸大菩薩論說甚深妙法，並且於須臾之間成佛。龍女雖為龍類畜生，但是本自具足的佛性則與諸佛無二，留下一切眾生，悉有佛性的有力印證。《辯意長者子經》中（大正十四冊．頁八三七），辯意童子向佛陀請教出生六道、富貴貧賤之家、為人毀謗愛敬等因緣，佛陀因此宣說五十事要法；《大寶積經》中，波斯匿王愛女淨信童女，向佛陀請教各種菩薩成就八法，展開精彩的問答（大正十一冊．頁六二三）；同樣的經典裡，八歲的妙慧童女向佛陀請教菩薩四十行（大正十一冊．頁五四七）：

一、如何感得端正的身相？

1、對惡友不起瞋心。2、心住於大慈悲。3、樂好正法。4、修造諸佛菩薩聖像。

二、如何得生富貴之家？

1、時時行布施。2、沒有輕慢心。3、能以喜捨心行布施。4、不希求好的果報。

三、如何使眷屬美滿？

1、捨棄挑撥離間的語言。2、邪見的眾生讓他住於正見。3、護持正法久住不滅。4、教導有情眾生趨向菩提。

四、如何能於佛前蓮華化生？

1、供養如來及諸塔廟各種花果、細末檀香。2、對於他人不加妄害。3、造如來像並且奉置蓮花。4、對菩提妙諦生清淨深信。

五、如何出生於一佛國土乃至無量佛國？

1、看到他人修善，不加障礙擋阻。2、他人說法，不予質難破壞。3、燃燈供養如來塔廟。4、樂好禪定勤奮修習。

六、如何處世間而沒有怨恨？

1、以無諂心親近善友。2、他人勝於我時，不起嫉妒心。3、他人獲得好名譽時，心常歡喜讚歎。4、對菩薩道不敢輕易毀退。

七、如何得到別人的信心？

1、言行一致，言而有信。2、對善友不掩飾自己的罪惡。3、凡所聞法，不刻意挑剔過失。4、對說法者不生惡心。

八、如何遠離法障，得到清淨？

1、歡喜樂受三律儀。2、聽聞甚深經論不生誹謗。3、看到新發心菩薩，能生起一切智心。4、對一切有情平等慈悲。

九、如何遠離魔障？

1、不起分別，了知諸法法性平等。2、精進勇猛，不離正法。3、勤奮念佛不懈怠。4、一切善根皆悉回向。

十、如何成就臨命終時諸佛現前？

1、眾生有所需求時，能令滿足。2、對於一切善法，生起甚深信解心。3、對菩薩布施莊嚴法器。4、對三寶勤修供養。

菩提幼苗的養成

從經典中可以看出童子雖然幼小，但是卻不乏具足大智慧的阿羅漢、菩薩。《普門品》說：「應以童男童女身得度者，即現童男童女身而為說法。」有不少的父母是因為孩子的接引而學佛入道，因此菩提幼苗的向下扎根非常重要。

心理學說：三歲定終身。現代父母講究零歲教育，佛教則主張從小的胎教，八識田中種植善業的種子，善因善種，長大以後，必然是棵健康的菩提樹。各種的佛教兒童夏令營、佛教兒童星期學校，無非要孩子們在耳濡目染之中，將來都能成為遮蔽眾生清涼的那片綠蔭。天下的父母們！你打算如何來培育你寶貴的童子呢？

佛教文學

輯六

一花開五葉

傳說二千多年前，一日，釋迦牟尼佛在靈鷲山上，對著一千二百五十位常隨弟子說法，大梵天的尸棄天王捧著優鉢羅華飄然而降，供養佛陀。佛陀拈起馨芬的花朵，環視著座中眾弟子，欲語還休。平日嚴肅拘謹的大弟子摩訶迦葉，和佛陀四目交接，竟然和煦地破顏微笑。佛陀說：「吾有正法眼藏，涅槃妙心，實相無相，微妙法門，不立文字，教外別傳，付囑摩訶迦葉。」禪，於是在一朵香潔的花和一個溫馨的微笑之間誕生了。這個微笑傳了二千多年，比蒙那麗莎的微笑更有深深意。由大迦葉傳承而來的這一朵花，在南朝蕭梁時，有印度天竺國王子菩提達磨將禪法傳到了東土，是為中國禪宗初祖，歷經慧可、僧璨、道信、弘忍，禪宗「一花開五葉，結果自然成」。

盛唐時代，弘忍弟子神秀在長安受到武則天的護持，主張看淨、觀心的漸修法門，盛行一時，世稱之為北宗禪。歷經弟子普寂、義福而後繼無人，終於斷絕。慧能在南方傳法，主張「無住為本、無相為體、無念為宗」，寄坐禪於日常生活之中，提倡頓悟禪法與不二法門，是為南宗禪。弟子人才輩出，除了荷澤神會、永嘉玄覺等人之外，主要有兩大法脈：一為南嶽懷讓、馬祖道一系統，後來開展出溈仰宗、臨濟宗；一為青原行思、石頭希遷系統，敷演出曹洞宗、雲門宗、法眼宗。中國禪宗史上遂將由慧能而演變至五宗，稱為「一花開五葉」。

五宗的成立時代各自不同，晚唐時，溈仰宗、臨濟宗、曹洞宗三宗並傳；五代時，雲門宗、法眼宗形成。其中溈仰宗最早建立本宗禪風，法眼宗則最後才成立。臨濟宗風活潑，到了北宋由黃龍慧南創立了黃龍派、楊岐方會創建了楊岐派，黃龍派與楊岐派和前面五宗並稱為五家七宗。到了南宋孝宗時，溈仰宗、雲門宗、法眼宗等三派，因為缺乏傳承法匠，先後衰亡。直到晚清，只剩曹洞宗和臨濟宗平分秋色，尤其臨濟宗獨盛於世，由攝山棲霞山傳到了佛光山的星雲大師，是為臨濟四十八世，更把臨濟宗風遠播五大洲，臨濟子孫滿天下，誠不虛言。

南禪五宗家風各有特色。溈仰宗為溈山靈祐和弟子仰山慧寂所開創，其宗風重視「體用」在生活之中的運用，繼承馬祖道一「平常心是道」的思想，提倡「自心是佛」，雖然主張頓悟，但也不排斥開悟後漸修的功夫。《五家宗旨纂要》說：「溈仰宗風，父子一家，師資唱和，語默不露，明暗交馳，體用雙彰。」禪師和學僧唱和之間，看似機鋒相對，實是默契交心，和其他家相比，本宗比較溫和平實。

臨濟宗創始者臨濟義玄以單刀直入的棒喝手法，來破除參禪者的迷惑，使其省悟。另外提倡「四料簡」、「四賓主」、「四照用」、「三玄三要」等一系列的方法，逗機觀教，引導學人進入「無位真人」的絕對自由境界。《人天眼目》說此宗「大機大用」、「虎驟龍奔，星馳電激」、「卷舒擒縱，殺活自在」，正因為其門庭峻烈，在南禪五宗之中，最富生命力，因此流傳最廣遠、最長久。

洞山良价和曹山本寂師徒共創了曹洞宗，本宗帶有儒釋道三家融合的傾向，家風細密、親切。叢林素有「臨濟將軍，曹洞士民」的美談，相對於臨濟家風如指揮千軍萬騎的將軍，曹洞禪者接引學人好似精耕細作的農夫，綿密回互，妙用親切，其主要禪法有「五位君臣」。

雲門宗立派者為慧能第七代傳人雲門文偃，其禪法特色為一字關、雲門三句（涵蓋乾坤、隨波逐浪、截斷眾流），彰顯出簡明爽利、孤危險峻的門風，片言隻語見真章，《五家參詳要路門》說本宗為「擇言句」，即為此意。

最晚開宗立派的法眼宗為法眼文益所創，本宗簡明處如雲門，綿密處似曹洞，應機言辭看似平淡，實則自藏機鋒。本宗明顯受到華嚴宗理事圓融思想的影響，漸漸失去禪宗的本來精神，興於五代，盛於宋初，流傳不過一百年即衰亡。

禪門五家七宗的崛起，顯示南宗禪的興盛發展，真所謂「萬古長空，一朝風月」，直至今日，禪這一朵花，仍然以其潛在而旺盛的生機，向全世界開放。

佛教與文學

佛教從東漢魏晉的格義時期，發展至隋唐宗派大開的鼎盛時代，形成獨具特色的中國佛教，內涵豐富細緻，對於中國的文學、語言、繪畫、建築、音樂、戲曲、風俗等，產生了深刻影響。

佛經譯業從東漢桓靈時代開始，它雖是一種宗教義理的翻譯，同時也是文學翻譯。這種融合梵華的佛教文學新體裁，本身便充滿文學性，對中國文學的影響甚大。馬鳴的《佛所行讚經》是一首長達三萬餘言的佛傳長歌。《維摩詰經》是一部亦小說、亦戲劇的作品。《華嚴經》中善財五十三參的求道歷程，啟發了《西遊記》西行求法歷經八十一難的創作。

佛教人物傳記可分為：佛傳文學與僧傳文學。《長阿含．遊行經》，描述佛陀證入無餘涅槃之前，對弟子的叮囑，簡潔的對話內容，彷佛現代的短篇小說，表現出人生最後臨去一瞥的從容篇章。

佛傳文學尚有一種「贊佛文學」，佛陀涅槃之後，弟子們因為思念佛陀，於是歌誦佛陀累劫中六度萬行的無量功德，形成神聖的佛陀崇拜，這類經典就是《本生經》。

《本生經》中佛陀時而出生為美麗仁慈的九色鹿、智慧理性的猴王、精進勇猛的鸚鵡，時而化為割肉餵鷹的尸毗王、捨身飼虎的太子，故事生動感人。《本生經》是一種綜合格言、神話、傳說、詩歌、寓言的文學體裁，對於中國寓言文學影響至深。唐．柳宗元遭貶謫永州期間，借動物諷喻現實，明顯受到佛經寓言的影響。「佛弟子傳」也是不可忽略的一大素材，禪宗的各種「燈錄」，乃至歷代高僧的「碑誄」，都是佛教傳記文學的重要文獻。

佛陀四十九年的說法，採取十二分教的方式，其實就是十二種文學形式。其中長行、重頌的交叉運用，或者純以諷頌宣說教義的方式，深深影響中國文學的文體發展，章回小說散韻夾雜，譬喻則以淺近的故事，闡述精闢的經義。

佛教大量使用「譬喻」本是一種宗教功能，由於譬喻本身的文學性，意外地在中國文學園地綻放出耀目的奇葩。譬喻還是一切故事、傳記的總匯，是一種文學作品。

佛教對於中國文學的影響，可分以下幾點：

一、豐富中國新辭彙：平日我們習以為常的外來成語，百分之九十來自佛教名詞，例如一知半解、一廂情願、三生有幸、五體投地、七手八腳、十字街頭、天花亂墜、不可思議、不知不覺、盲人摸象、牛頭馬面、苦中作樂、隔靴搔癢、打成一片等不勝枚舉。這些用語遍及文學、歷史、哲學、藝術、文化、經濟等領域，提升了漢語的新意境，增加了漢語的新語辭，豐富了漢語的表現能力。

二、四聲的發現和音韻學的推動：隨著佛教的傳入，印度聲明也傳至中國，齊梁文學家沈約、王融、周顒等，吸收了佛經轉讀時梵文拼音的平上去三聲，再加上中國音韻原有的入聲，合併而成平上去入四聲，推動了唐代格律詩的開創與發展，從格律自由的「古體」，走向格律嚴謹的「近體」。四聲的形成，直接影響後世中國格律詩的創作。

三、說唱文學——「變文」的產生：變文從佛教的唱導演變而來，六朝時期寺院便已經流行一種唱導。僧人在講經說法時，不僅要依梵唄聲腔來轉讀經文，同時也要唱誦佛號。這種體制至今仍然流行於漢傳佛寺的法會懺儀。為了收到警眾宣教的效果，還要講些因緣、譬喻等故事，說說唱唱，是佛教的一種布教法。到了唐代由宣說佛經的僧講，演變成敘說世俗故事的俗講。

中國說唱文學逐漸發展成為散韻融合的變文，說經者取佛教人物故事為教化題材，稱之為「變文」，如〈降魔變文〉、〈大目犍連冥間救母變文〉，後來變文內容多有取材自民間的故事，如〈昭君變〉、〈伍子胥變〉、〈董永變〉，甚至佐以圖像畫卷，稱之為「變相」。變文的產生，表示佛教通俗化的趨向，也顯示中國民間文學的勃蓬生命力。

另外由變文又間接發展出以唱為主的諸宮調、彈詞、鼓詞，以及以說為主的小說、話本，變文這種有唱有說、詩歌散文和合的新文體，開創了中國說唱文學的先河。

佛教與中國文學的因緣關係，體系龐博，《全唐詩》收錄唐代詩人四萬二千八百餘首詩，和佛教有關的有五千首，佔八分之一，也就是說八首唐詩中就有一首佛詩，關係密切。

佛教深植中國二千餘年，已經成為中國文化、社會民情的一部分，從文學角度來看，歷代的詩歌文集《全唐詩》、《全宋詩》、《全唐文》、《全宋文》等，是佛教雅文學的篇章，各類筆記小說、戲曲等，則為佛教俗文學的題材。佛教與文學是一塊尚待開墾的領域。

佛教的飲食文化

有一位學僧去請教大珠慧海禪師佛法大意，禪師回答：只是吃飯睡覺。學僧追問如此和平常人有何不同？大珠禪師點出：平常人吃飯挑肥揀瘦，百般挑剔；平常人睡覺輾轉反側，思索難眠。吃飯睡覺看似平常事，卻和身心修養有密切的關係。

飲食攸關生存的問題，鳥獸為搶奪食物不惜亡身，人類衣食足，然後方知禮義榮辱。中國是個講究飲食、美食的民族，一塊豆腐材質可以作出一百多種的料理名菜，各地有自己特有的精緻小吃。中國人把精力花在美食的研發，而在科技發明的舞台上卻缺席演出。

佛教對飲食有自己獨到的觀點。首先出家人吃飯用的碗叫做缽。缽的漢譯是「應量器」，意思是說肚量有多大，就拿多少食物，不可浪費糟蹋，含有惜福知足之意。因此佛門齋堂貼有對聯：「一粥一飯，當思來處不易；半絲半縷，恆念物力維艱」。對於今日不知珍惜地球，自陷於能源危機的大眾，每個人是不是應該有惜福的觀念，不止攜帶環保筷，更要持有「應量器」。

談到佛教的飲食，人們馬上聯想到「素食」。其實素食並不是佛教的專利，素食主義通於各民族，無關宗教，印度人不乏素食者，日本稱素食為精進料理。事實上以人體構造來看，人的腸子和牛、羊等草食動物一樣，長得很長，肉類長時間貯存於腸內，容易腐爛滋生毒素，因此說「肉食者鄙」。

從養生觀念言之，人類本來應該是素食動物。佛教徒吃素，不是為素食而素食，而是為長養一顆柔軟、慈悲的心，「我肉眾生肉，名殊體不殊」，把動物視為生命共同體，「聞其聲不忍食其肉」，不忍犧牲他者生命而來滋養自己的生命。

吃素也可以吃得很健康、自然、均衡，不必僅吃醬瓜、豆腐乳，甚至是加工的素雞、素鴨等，其實這些動物形狀的加工品，是商人的經濟頭腦所製造出來的產品，滿足一些素食者豐富感的需求。

民以食為天，天天吃食，禪師卻說未曾咬住一粒米，可見飲食觀念的重要。佛教認為要吃得粗、吃得少、吃得苦、吃得淡、吃得虧，現代人許多病症和不當飲食有關，吃得太油膩、太精緻、太重口味。少鹽、少糖要清淡，孔子說「飯蔬食」，菜根清香、粗茶淡飯更能養生。

原始佛教實踐過午不食，其實就是要我們晚上不要吃得太遲、太飽，增加腸胃的負擔，所以說「君子食不求飽」，最理想的狀態是早餐吃得好，午餐吃得飽，晚餐吃得少，然後飯後百步走，必然能活到九十九。

「病從口入」，為了讓自己活得更有品味，看來我們有必要重新思考飲食文化的問題，而不僅僅淪為受制於口味的老饕餮。

瑜伽燄口召請文 賞析釋義

《瑜伽燄口》文詞優美，尤以宋代大學士蘇東坡所撰寫之召請文，甚為後人讚賞。召請對象分有：前王後伯、英雄將帥、文臣宰輔、文人舉子、緇衣釋子、玄門道士、他鄉客旅、陣亡兵卒、血湖產難、冥頑悖逆、裙釵婦女、傷亡橫死等十二類，文字精簡、詞句優美、意境深遠，不僅寫明人世間的遺憾與沉淪之苦，更顯現佛教濟拔群苦的施食功德。

第一類為九五之尊的帝王

「累朝帝主，歷代侯王，九重殿闕高居，萬里山河獨據。西來戰艦，千年王氣俄收；北去鑾輿，五國冤聲未斷。嗚呼！杜鵑叫落桃花月，血染枝頭恨正長。」

「累朝帝主，歷代侯王，九重殿闕高居，萬里山河獨據」歷朝帝主、侯王居住的處所為九重樓閣之建築；萬里江山、率土之濱莫非王土。

帝主為發號施令、操縱生死之人，為何需要藉法會為其超度、祝禱呢？今以例子說明皇帝也有難為之處。譬如「萬里長城今猶在，不見當年秦始皇」的始皇帝，因其吞併六國，人民無不想取他性命。張良曾派遣一位大力士，於始皇經過之路推石謀刺未成功，造成始皇多疑的個性。因其喜至各地出巡，所以出巡時，安排多輛車隨行以魚目混珠、故佈疑陣。

後來他在出巡時病薨，立遺詔由太子扶蘇接位；但宦官趙高強迫宰相李斯改變詔書，逼迫李斯賜死太子。路上，因怕始皇屍體發臭為人發現，所以以魚屍掩蓋屍臭。不可一世的秦始皇，最後大體也只能與魚屍共處。

待太子自殺消息傳到咸陽，二世胡亥隨即即位。馬上誅殺、流放始皇所生的子女；更將所有公主、未生子的嬪妃幽禁於兵馬俑的所在處秦皇陵，將他們餓死或悶死其中。秦始皇絕未料到，死後未久，不但秦帝國在胡亥手裡走向滅亡，所有的子女皆相繼喪命。

另一例為李唐的李後主。李唐為宋朝趙匡胤所滅。身為文學家、藝術家的李後主，文學成就為後人所讚歎，但身為帝王，卻須面對亡國之痛。中國像李後主這種被逼服毒身亡的帝王，絕非少數。

在佛教發源地的印度，頻婆娑羅王為逆子阿闍世繫閉於王舍城中，佛陀派目犍連和富樓那運用神通向其說法、傳戒。後王后韋提希夫人為救國王亦遭幽禁，佛陀為韋提希說明極樂世界的十六觀法，方有後來的淨土法門。不論中印，歷代帝王之苦都相同。

項羽「力拔山兮氣蓋世，時不利兮騅不逝，騅不逝兮可奈何，虞兮虞兮若奈何」，一代霸主最後自刎於烏江河畔。

「**西來戰艦**」指滅三國的西晉。王濬跟王渾，從四川益州攻打孫吳，孫吳被滅，所以叫西來戰艦。以長江而言，四川是屬西邊。

「**千年王氣俄收**」指江山於剎那之間就滅亡。

「**北去鑾輿，五國冤聲未斷**」指靖康之難。北宋末的兩個皇帝徽宗與欽宗，徽宗不是稱職的皇帝，但卻是了不起的藝術家，以瘦金體書法流芳百世。靖康二年，金兵攻陷京城，徽宗見大勢已去，便將皇位讓予欽宗。後來兩位皇帝、皇后、王子、公主被金兵被俘虜，皆殞命於黑龍江邊的五城國。

「**杜鵑叫落桃花月，血染枝頭恨正長**」周王朝之蜀望帝因貪女色而誤入武臣家後被俘，因他一心思歸，死後化為杜鵑鳥，從窗口飛出，逃到深山中，停棲在桃枝上日夜哀啼，最後吐血而終。由此可見，帝王們面對政治鬥爭時，也不免如清朝順治皇帝發出「不幸生在帝王家」的慨嘆！

第二類為驍勇善戰的英雄將帥之流

「築壇拜將，建節封侯，力移金鼎千鈞，身作長城萬里。霜寒豹帳，徒勤汗馬之勞；風息狼煙，空負攀龍之望。嗚呼！將軍戰馬今何在？野草閑花滿地愁。」

「**築壇拜將**」指的是劉邦築設壇場任命韓信為大將之事。韓信最初跟隨項梁，後來轉至項羽帳下，但是未獲重用。輾轉又歸投漢王劉邦，依然不受重視。蕭何知道韓信是個不可多得的良將，所以當韓信出走漢營時，他急得「不及以聞，自追之」，來不及稟告漢王就出城追趕。相傳當晚韓信走到寒溪前，因溪水暴漲而受阻，蕭何星夜追至，苦勸韓信，而有蕭何月下追韓信的典故。

蕭何對韓信的評價極高，稱其是「諸將易得，國士無雙」。在蕭何力勸之下，韓信回到漢中，由劉邦「擇良日，設壇場，拜大將」，韓信也不負所託，全力輔佐劉邦，以暗渡陳倉，平定三秦，十面埋伏大破楚軍等功績，為漢室四百年建立穩固的基業。「不是寒溪一夜漲，焉得漢室四百年」說的就是這一段歷史公案。

劉邦曾經說過：「連百萬之眾，戰必勝，攻必取，吾不如韓信。」韓信雖然功勳卓著，但是功高震主，從齊王被貶至淮陰侯。後又因謀反，遭呂后用計殺害並誅三族。誠如韓信所言：「狡兔死，良狗烹；高鳥盡，良弓藏；敵國破，謀臣亡。天下已定，我固當烹！」似乎就是在為他自己的未來做預言。在今陝西省拜將壇上所刻「辜負孤忠一片丹，未央空月劍光寒」，也為韓信的一生下了一個淒涼的註腳。

歷代帝王為保有皇位，翦除異姓諸侯，誅殺功臣的例子不在少數。范蠡、文種幫助越王句踐滅掉吳王夫差，但是范蠡知道句踐是個可以共患難，不可以共享樂的人，於是帶著西施離開越國，隱居在陶地，自號陶朱公，後世尊之為「中國商祖」。文種則遭讒言誣陷，自刎而死。

「**建節封侯**」指漢代班超投筆從戎，平定西域獲功，受封為定遠侯的事。班超共有三兄妹，兄名班固，妹名班昭，皆為著名的史學家。班固所著的《漢書》，為中國第一部斷代史。班超年輕時，從事替官府抄寫文件的工作。有一次在抄寫文件時，他將筆摔在地上，感嘆地說：「大丈夫應當效法傅介子、張騫，立功異域，怎能久事於筆硯之間呢？」後來他以「不入虎穴，不得虎子」的氣概，征服西域，加上竇固北征匈奴，使新莽以來斷絕關係數十載的西域復通。

「**力移金鼎千鈞**」金鼎相傳為大禹所造，重達千鈞。這一句是講春秋時代的伍子胥曾三舉此鼎，其色不變。吳王夫差因聽信讒言，賜劍令伍子胥自盡，並將其屍首拋棄在錢塘江中。相傳，這是端午節的另一個由來。

「**身作長城萬里**」宋代檀道濟以萬里長城比喻自己對國家的重要性。元嘉九年，道濟因屢建大功，獲封為司空。宋文帝重病時，彭城王劉義康擔心道濟謀反，而矯詔誅之。道濟見詔，怒曰：「乃壞汝萬里長城也！」

「**霜寒豹帳，徒勤汗馬之勞**」指武將為保疆衛土，不畏天寒地凍，紮營駐軍於荒郊，為了顯出威勢，在帳上彩畫猛豹。種種的辛苦，只為建立汗馬功勞。

「**風息狼煙，空負攀龍之望**」整句講的是戰火已停，沒有機會再藉由戰功來建功立業。古制十里一營，皆設烽火台，倘朝中有不測之難，立即燃煙火，頃刻萬里屬地皆興師救駕，此煙火謂之狼煙。又古代固守邊境的軍隊，遇有緊急狀況，即焚燒狼糞燃起烽煙。後世藉狼煙比喻戰爭、兵亂。風息狼煙，謂戰火已停歇。攀龍之望，此指希望藉戰功攀龍附鳳，建立功業。

「**將軍戰馬今何在，野草閑花滿地愁**」相傳是秦王苻堅墓碑上的詩句，前二句為「暑往寒來春復秋，夕陽西下水東流。」主要是慨嘆往古之興亡，感傷人生之奄忽。

第三類為廟堂之上的文官、宰相、輔政者

「五陵才俊，百郡賢良，三年清節為官，一片丹心報主。南州北縣，久離桑梓之鄉；海角天涯，遠喪蓬萊之島。嗚呼！官貺蕭蕭隨逝水，離魂杳杳隔陽關。」

「**五陵才俊**」五陵指的是漢朝五個皇帝的陵寢，分別為高祖的長陵、惠帝的安陵、文帝的灞陵、景帝的陽陵、武帝的茂陵，五陵皆位於長安。長安為漢唐時代豪俠、巨富、才子、俊彥所聚集的地方。五陵才俊又有五陵才子、五陵年少、五陵豪氣、五陵貴公子之稱。

「**百郡賢良**」百郡，劉邦立漢朝後，將天下分為一〇三郡。賢良，指有德行或才能的人。漢代選拔人才非常注重品德修養及文化素質，在察舉制中，設有「賢良文學」一科，就是要品德、文才兼備，並且有良好的經學素養。

「**三年清節為官**」宋朝地方官制通常三年一任，任期一滿必須離開，即所謂的「三年一易」。這些官員都想在仕內對國家有所貢獻，唯表清節是為貴。

「**一片丹心報主**」宋朝遭蒙古族忽必烈所滅，文天祥被俘後，屢拒招降，並於獄中寫下傳唱千古的〈正氣歌〉。以「人生自古誰無死，留取丹心照汗青」，表達對國家的一片忠心赤誠。

「**南州北縣**」：表示為官被派南方、北方。「**久離桑梓之鄉**」桑梓，指故鄉。表示遠離故鄉。

「**海角天涯，遠喪蓬萊之島**」中國累朝帝主，常將犯錯或違逆己意的臣子，貶逐至遠離京城的偏遠之地，如漳州、海南、兩廣等。那些地方未經開發，常有瘴癘之氣；王陽明就因貶至貴州，差點命喪該處。

「**官貺蕭蕭隨逝水**」指一切榮華富貴，皆如落葉隨水飄逝，不復從前。官貺，策命為官或受爵所得之厚祿、酬償。蕭蕭形容落葉聲。

「**離魂杳杳隔陽關**」謂命喪塞外，魂神杳然回不了故鄉。陽關，本指漢代於甘肅省敦煌縣西南一百三十里處所設的關隘。因位於玉門關之南，故稱陽關，是進出邊塞必經之地。又指陰陽兩界的生死關卡。所以說「西出陽關無故人」。

歷代文人、名士、官員如嵇康、阮籍、詩仙李白、詩聖杜甫之流，有些或因戰亂、或因政爭輾轉流離，甚致命喪黃泉，讓人有命如草芥的無常之感；不只生時，死後流浪六道，只能藉此施食功德，方能領受法益。

第四類為文人舉子之流

「黌門才子，白屋書生，探花足步文林，射策身遊棘苑。螢燈飛散，三年徒用功夫；鐵硯磨穿，十載慢施辛苦。嗚呼！

七尺紅羅書姓字，一抔黃土蓋文章。」

宋朝，是屬於文人的時代。十二類的召請文，除了文字優美、意境深遠，更可從中一窺宋代崇文抑武的治國文化。士，乃四民之首，肩負參政議事、傳承文化等重責大任。蘇東坡筆下的召請文，特別列出第三類的文臣宰輔及第四類的文人舉子，是召請文中唯一性質相仿的類別。唐朝重視門第，能參政、議政者皆為門閥貴族；五代時期，群雄割據，武將耀武揚威；到了宋朝，文人的地位才得到空前的提升。北宋汪洙就寫過這樣的詩句：「天子重英豪，文章教爾曹，萬般皆下品，唯有讀書高。」又說「滿朝朱紫衣，盡是讀書人。」蘇東坡本身就是宋朝的大文豪、大學士，也不免在召請文中流露出對文人的關愛。

「**黌門才子**」就是學校中的菁英。古時稱學校為「黌門」，又名黌校、黌舍、黌宇。黌門、泮宮在孔廟建築分屬左右大門，子貢曾喻舉自身與孔子之別：「譬之宮牆，賜之牆也及肩，窺見室家之好。夫子之牆數仞，不得其門而入，不見宗廟之美，百官之富。」其中的「不得其門而入」，就是黌門。

「**白屋書生**」指的是出身貧寒讀書人。白屋，是用乾茅草覆蓋的屋子，就是茅屋。後來轉指貧窮人家居住的屋子。

「**探花足步文林**」科舉制度最初萌芽於南北朝，創始於隋，確立於唐，而完備於宋。明清時期，名稱定為狀元、榜眼、探花，合稱三鼎甲，但也只是民間的習慣用語，在金榜上，只稱頭甲第一名、一甲第二名、一甲第三名。狀元原名狀頭，指的是狀子中的頭名，後因名稱不雅遂改稱狀元。最初二、三名俱名榜眼，意指分立狀元左右，如其兩眼。「探花」一詞最早出現於唐朝。每年春季是唐朝新科進士放榜之期，此時正是京城長安杏花盛開的季節，新科進士為了盡情慶賀自己中第，要舉行一場遊園盛會，稱為「杏園宴」。從中挑選進士中兩名年少英俊者為探花使，負責到各園採摘鮮花，迎接狀元，於是這兩個人便被稱為探花郎。後來代指為進士第三名。文林，文人聚集的地方。

「**射策身遊棘苑**」為了求取功名，到國家舉辦科舉的試場應考。射策，即應試。科舉時代考試，應試考生針對皇帝之策問，提出治理政事之方略，稱射策，或對策。皇帝之難問擬議，皆書於策後，列置於案上，使不彰顯；應試者隨意取策，投策問而釋答之。成績優劣，上者為甲，下者為乙。棘苑，指科舉時代應試的考場；又稱棘圍、棘闈。

「螢燈飛散，三年徒用功夫」《晉書》記載車胤幼時家貧，夜裡攻讀，無錢購燈油，以囊袋裝螢火蟲，藉螢光讀書的故事。《三字經》中的「如囊螢」，講的也是這一段典故。

「鐵硯磨穿，十載慢施辛苦」古人讀書，往往是十年寒窗無人問，一舉成名天下知。這一句要比喻的就是「勤學苦讀，終有所成」。晉朝時有一個人叫桑維翰，去應考進士時，主考官員反感他的姓，認為「桑」與「喪」同音不吉利，不宜錄取。旁人知道勸他去改從其他門路去當官。桑維翰為了表達要透過科舉求取仕途的決心，請鐵匠鑄造一隻鐵硯，並說：如果鐵硯磨穿了還考不上進士，才尋其他途徑當官。經過多年努力，終以進士及第，官居要職。

「七尺紅羅書姓字」謂人往生後，出殯時，掛在靈柩前，表彰死者身分地位的旌幡，即銘旌，又稱明旌，因為亡者身分不可別，故書旌幡別識之。古代喪禮中，靈柩前的長旛，由具有名望的人署名，題寫死者的姓名、官銜、封贈、諡號等。規格分士長三尺，大夫五尺，諸侯七尺，天子九尺。

「一抔黃土蓋文章」，一抔黃土，借指為墳墓。這一段召請文，描寫唐宋時期文風之鼎盛，尤其宋代文人更是極盡尊榮，縱然如此身後也僅僅是黃土一抔，留下旌旗幢幡，帶走一生的功過。

第五類為緇衣釋子的佛教出家人

「出塵上士，飛錫高僧，精修五戒淨人，梵行比丘尼眾。黃花翠竹，空談秘密真詮；白牯黧奴，徒演苦空妙偈。嗚呼！經隗冷浸三更月，禪室虛明半夜燈。」

緇衣，是出家人的代稱，又作黑衣、墨衣、墨染衣，即黑色法衣。過去禪宗僧侶多著緇衣，尤其在法衣趨向華美之後，緇衣更成為隱遁僧人所用。宋代的慧琳法師，與議朝政，人稱為「黑衣宰相」。與緇衣相對的為「白衣」，白亦稱素，為在俗之人所穿，因此將白衣引申為在家人的代稱。蓮池大師曾作《緇門崇行錄》，乃集古代的善行、錄其事蹟，以供出家人「十行修而德備」。

釋子，依釋迦牟尼佛教法出家的弟子。《四分律》：「於我法中，四種姓……捨家學道，滅本名，皆稱沙門釋子。」

為什麼要召請已經捨俗出家的修行人呢？

在《梁皇寶懺》裡有一段特別為現在、過去的十方比丘、比丘尼禮佛的懺文。諦閑大師這麼解釋：「諸行無常，人命壽夭難定。或有離俗披緇，信心出家受具，而道業未成。或初發心學戒，尚未受具戒而亡。或方受十戒而中夭。或纔秉五戒而命終，是皆壽命短促、有志未遂。今以慈悲心，為彼禮佛，濟他之苦。以我心等諸佛平等之心，以我願同諸佛度生之願，代為禮佛皈依。」

「**出塵上士**」：整句講的是出離六塵，超脫世俗困擾之人。《四十二章經》中講「透得此門，出塵羅漢。」出塵，即出離塵俗，也就是出離煩惱之塵垢，後來引申為出家之意。上士，是菩薩的異稱，又作大士、大人、大菩薩。《釋氏要覽》引瑜伽論云：「無自利利他行者下士，有自利無利他者名中士，二利名上士。」佛教中有一部《八大人覺經》，內容記載大菩薩應當奉行的八條思想，一般也將利根之人稱為上士。

「**飛錫高僧**」飛錫有二種解釋。其一，在《釋氏要覽》記載，過去有高僧隱峰遊五台，出淮西，擲錫飛空而往，因此一典故，便將往來中土的西天得道高僧稱為「飛錫」。後來則指雲遊四海的出家人，所謂「今僧遊行，嘉稱飛錫」。其二，指的是僧侶行腳遊歷各處，所使用的錫杖，佛制為頭陀十八物之一。除飛錫外，僧人長期駐留一地、一寺或一山稱為「駐錫」。比丘出外巡遊教化必持錫杖，則稱為「巡錫」。

「**精修五戒淨人**」淨人起源於印度，指在寺院中未行剃染，受持五戒清淨，並服種種淨業作務之人，又稱為道人、苦行、寺官。

「**梵行比丘尼眾**」：佛制初不許女眾出家，認為女眾有種種障礙，梵行難修難持，因此，特別強調「梵行比丘尼」。

前面四句，說的就是佛教的七眾弟子。

「**黃花翠竹**」：「青青翠竹，盡是真如；鬱鬱黃花，無非般若」，出自《指月錄》華嚴座主問大珠和尚：禪師何故不許青青翠竹，盡是法身，鬱鬱黃花，無非般若？大珠曰：法身無象，應翠竹以成形；般若無以了知，對黃花而顯相，非彼黃花翠竹，而有般若法身。不可言說的般若道理，要透過諸法萬象而顯現說明。

「**空談秘密真詮**」就是講無法契入諸法實相。

「**白牯黧奴**」白牯、黧奴，都是指無知的動物。白牯，就是白牛。黧奴，又作狸奴、貍奴，屬貓類，畜養可令食鼠。禪宗用來比喻根機卑劣、不解佛法之人。

「**徒演苦空妙偈**」：講鈍根之人，雖在佛法上用功不懈，但是不夠理解如來實義。

「**經牕冷浸三更月，禪室虛明半夜燈**」出家人，為求悟道，不捨晝夜，夜半三更依然坐在遭露水浸溼的窗邊用功。半掩的禪室，映出修行人夜不倒單的燭光倒影。出家僧眾雖已捨俗修行，但囿於因緣不具，未成道果之時，仍不免受輪迴之苦。所以藉此召請屆臨法會之期，以大眾之力，再以淨甘露滋潤身田，離邪行歸敬三寶，以證無上之道。

第六類為在桃源仙山修行的玄門道士

「黃冠野客，羽服仙流，桃源洞裡修真，閬苑洲前養性。三花九煉，天曹未許標名；四大無常，地府難容轉限。嗚呼！琳觀霜寒丹灶冷，醮壇風慘杏花稀。」

隨著時代的演變、文化的交流，一般的社會大眾對佛教、道教早已無法辨別其中的差異。然而，佛、道二教雖然皆與中華文化有密不可分的關係，但是，彼此在教義、儀軌上仍有極大的不同。

佛教，相傳於東漢明帝時傳入。佛教能在中國立足、發揚，主要是得力於經典的翻譯。魏晉南北朝時期，般若系經典傳入中國，當其時玄學之風盛行，在般若與玄學相，佛教思想在文人士族之間快速傳揚開來。這些文人士族，對上能向皇帝、百官建言，對下則能講學、授業，佛教思想承此勢不可擋的機緣遍弘東土。

到了唐宋，中國八大宗派相繼而立，其中，祖師大德闡揚佛學義理時所提出的分科、教判，不僅用於佛教經典，也大大影響了中國學術的發展。

近代中國思想家馬一浮先生曾說自己以六藝統攝一切學術，是受了佛家判教思想的影響，其目的在用佛家縝密之法，尋天下學術之條理。梁啟超先生對此做了個總結：「佛教為外來之學，其托命在翻譯。」

道教，雖說是依循老莊的道家思想而成立的宗教，和道家思想不大相同。老子講「人法地，地法天，天法道，道法自然」，莊子主張「無為而治」，在道教的修行上反成了以羽化成仙、追求長生不老的宗教行持。

佛道論爭，由來以久，而在召請文中，名列第六的「玄門道士之流」，表現出佛教同維修道者的玄門道士一份關愛、憐惜，彰顯佛教包容萬有的心量。

「**黃冠野客**」指隱逸修行的道士。野客，原指村野之人，後來多借指隱逸者。黃冠，是道士的別稱。《滅皇卒道太清玉冊制度章》載：「古之衣冠皆黃帝之時衣冠也，自後趙武靈王改為胡服，而中國稍有變者，至隋煬帝東巡使於畋獵，盡為胡服，獨道士之衣冠尚存，故日有黃冠之稱。」另一說起於隋代李播。《新唐書．方技傳》：「李淳風，父播，仕隋高唐尉，棄官為道士，號黃冠子。」後代乃稱道士為「黃冠」。

「**羽服仙流**」羽服是仙人或道士所穿著的衣服。《廬山記．敘山南》中載，南唐譚紫霄自幼為道士，秘典靈籍無所不通，行之靈驗，名傾江南，元宗特賜號為「金門羽客」。北宋時期，道士甚至能自由進出宮廷門戶，而以林靈素為之宗主。宋．陸游：「林靈素為金門羽客。」

「桃源洞裡修真」意為隱居到桃源洞裡學道修真。桃源洞位於長安終南山，在道教徒的心中，終南山與崑崙山都是神仙的代名詞。當修行到達一定的程度後，一定要隱居到這座聖山之中。

「閬苑洲前養性」閬苑，閬風之苑，一說是仙人的住處，位於蓬萊島上；或傳在崑崙山之巔，是西王母的居住地。養性，是道士修行的一種。即靜處一室，屏去左右，澄神靜慮，也稱入靜。

「三花九煉，天曹未許標名」是屬於道教內丹修煉術的一種。三花，是對精、氣、神的指稱。三花又名「三華」，表示人體精氣神之榮華九煉，七還九轉之修煉法。道教以金鼎烹食、吐故納新，為內丹；銷煉五方金石，使其致柔，為外丹；合九十晝夜，從寅至申，為七還。三花九煉，或作「三化九煉」，即於清晨以鼻吸太陽真氣三口、誦咒。如此三度，化服九口氣，謂之三化九煉。天曹，是道教所稱天上的官署。在道教的看法裡，「人命有長短生死，皆天曹地府所配」、「一切眾生命屬天曹，身繫地府」，今生所做的功德，先行記錄於天曹案上，後世可不愁也。

「**四大無常，地府難容轉限**」指身壞命終之時，是無法再要求推遲期限以延長壽命，所謂「閻王要你三更死，誰敢留你到五更」。轉限，指推遲期限。

「**琳觀霜寒丹灶冷**」：形容道院遭風霜雨雪所侵，且丹爐久冷，不復有煉丹之事。

「**醮壇風慘杏花稀**」形容道壇敗落，不復有人照應。醮壇，指道教祭祀神明時作法的道場。道人藉煉丹養氣以尋求羽化之道；或有登仙以延命，但仍無法逃脫業繫之縛而流轉生死。若能「勘破三春景不長，緇衣頓改昔年妝。」或能去妄修真，以證道果。

第七類為他鄉客旅的商賈

「江湖羈旅，南北經商，圖財萬里遊行，積貨千金貿易。風波不測，身膏魚腹之中；途路難防，命喪羊腸之險。嗚呼！滯魄北隨雲黯黯，客魂東逐水悠悠。」

商人，今又名生意人。最早，生意並不僅指商業活動，而另含有生活、生存的意義。「生意」二字始出於《晉書》：「老樹婆娑，無復生意。」就是指生機和生命力。《世說新語》中記載，孫吳時曾有人將鳥翼用剪刀剪下，扇起來風力不減，如同圓扇一樣，但當時卻沒有「生意」，直到晉滅吳，才得到大家的使用。這是將做買賣稱為「做生意」的首次記載。宋朝的《京本通俗小說》則正式將經商稱之為做生意。在〈錯斬崔寧〉中：「先前讀書，後來看看不濟，卻去改業做生意。」

古代的商人，又喚作商賈之人。清朝黃生撰《義府．諸賈人》：「賣買居邑，即坐賈；商以取利，即行商。」挑著擔子四處叫賣的是「商」，在自家鋪子裡靜候顧客上門的是「賈」，即「坐賈行商」。

過去為官與經商者，總是背井離鄉。宋代張世南所作《游宦紀聞》形容：「仕宦之身，天涯海畔；行商之身，南州北縣。」所以說為官經商者，總是居無定處。

「**江湖羈旅，南北經商**」描寫南來北往商旅生活。羈旅指客居他鄉。江湖，緣起自唐時江西的馬祖道一與湖南的石頭希遷同時大樹法幢，當時的僧眾多參遊二師門下，稱為走江湖，後依地名將參學的僧眾稱為江湖僧、江湖眾，後來則成為浪跡四方謀生活者的代稱。

「**圖財萬里遊行**」：為了營利謀生，不遠千里而行。
「**積貨千金貿易**」所積聚的貨物商品，也是為了要能流通。
「**風波不測，身膏魚腹之中；途路難防，命喪羊腸之險**」謂經商途中遇船難而遭葬身於魚腹，或喪命於山難險道之途。

過去中國實行重農抑商政策，四民中，商列最末。歷朝商人雖能掌握經濟，但社會地位卻很低下。但藉商人們南來北往之便，不僅帶動經濟繁榮，更活絡文化交流，鞏固國際邦交。因此，商人實為「經世濟民之道」者。尤其唐宋間，各項文化、信仰、藝術等，都藉經商交易之便得以往來交流。因此《瑜伽燄口》第七類召請，就是感念商人付出，並對商人予以新的定位。

第八類為陣亡的兵卒之流

「戍衣戰士，臨陣健兒，紅旗影裡爭雄，白刃叢中敵命。鼓金初振，霎時腹破腸穿；勝敗纔分，遍地肢傷首碎。嗚呼！漠漠黃沙聞鬼哭，茫茫白骨少人收。」

鑑於唐朝藩鎮割據之盛，宋太祖趙匡胤於即位之初，藉「杯酒釋兵權」解除武官的軍權。在兵力的部署上，以「守內虛外」為政策。為了防止軍隊中出現個人勢力，宋朝常常更換統兵將領；而戰區的指揮皆令文臣或太監任之。王夫之於《宋論》中指出：「宋所忌者，宣力之武臣耳，非偷生邀寵之文士也。」宋時武將的地位，即如張演《群書考索》中說：「宋朝之待武臣也，厚其祿而薄其禮。」

宋朝，雖沒有漢唐時的外戚專權、宦官亂政、軍閥割據之亂，但也由於重文輕武的國策，使得兩宋都是亡於外患。北宋患於契丹人的遼國、黨項人的西夏、女真人的金，最終亡於金。南宋則有金、西夏、蒙元，最終亡於元。

第八類的召請文，首段文字就是描寫宋時將士的軍旅生涯。

「**戎衣戰士，臨陣健兒**」戎衣，就是軍服、戰衣，所謂「一戎衣，天下大定」。指戰場上穿著軍服的勇帥、將士，在身臨戰陣之際，毫無懼色而又驍勇善戰之姿。健兒，即是壯士、軍卒之稱，在唐代是士兵的一種。唐代的軍鎮置有健兒，對於長住邊軍者，朝廷均給予種種優待。

「**紅旗影裡爭雄**」古代戰場的軍旗，多為紅色的旗子。唐．王昌齡《從軍行》：「大漠風塵日色昏，紅旗半卷出轅門。」戰火場中，紅旗影下，戰士們或為家國而戰，或為英名而戰，總有「亂世爭雄，天下名將，捨我其誰」之氣慨。

「**白刃叢中敵命**」白刃，形容鋒利的刀。在戰場上，大漠黃沙起，只能在刀光劍影中奪取敵人的性命。

「**鼓金初振，霎時腹破腸穿；勝敗纔分，遍地肢傷首碎**」整句描寫戰地裡行軍作戰的激烈與殘酷，在征戰場上，將士兵勇的進退之間，死傷迅速慘烈，終於分出勝敗之時，回首望去，已是多少人的壯烈犧牲。「**鼓金初振**」：在古代以步兵、騎兵組成的冷兵器戰爭中，「擊鼓進兵」與「鳴金收兵」是將士兵卒們進攻退守的依據。擊鼓時所帶出的跌宕起伏，氣勢磅礴，最能發揮激勵軍心、鼓舞士氣之用。「鼓舞」一詞，就說明了鼓能振奮人心的作用。

相傳黃帝伐蚩尤，九天玄女為帝制夔牛鼓八十面，一震五百里，連震三千八百里。夔牛皮鼓敲響後，聲震天地，蚩尤的士兵聽後驚慌失措，最後黃帝大敗蚩尤，這是中國歷史上，最早關於擂鼓助威的傳說。鳴金則是指揮軍隊退兵、免戰的號令。戰時所鳴的金，並不是指黃金，而是銅。上古時多指銅為金。《過秦論》中講秦一統天下後，將天下的兵器都收到咸陽，並鑄成十二個金人。因為春秋戰國的兵器是用銅做，而不是黃金，所以「鳴金」是說敲擊鉦、鐃一類的銅製樂器。兩軍交戰，廝殺聲不斷，這時候需要特別響亮的器物來傳達命令，而鉦、鐃的聲音清脆響亮，穿透力強，即使在激烈的征戰中，士兵也能聽到。

「**漠漠黃沙聞鬼哭**」漠漠黃沙其實就是現代人所說的「沙塵暴」。《詩經．終風》裡早有「終風且暴」、「終風且霾」、「終風且曀」等句。霾，其實是是大氣混濁的一種天氣現象。而在古籍中，則多被寫為黃霧、飛沙走石、黑氣、土雨等，也常與天命、凶兆聯繫在一起。王昌齡在《塞上曲》中寫：出塞入塞寒，處處黃蘆草；從來幽並客，皆共沙塵老。《塞下曲》中又道：黃塵足今古，白骨亂蓬蒿。兩首樂府詩句，既表達了古人對戰爭的厭倦，也流露出對沙塵暴的恐懼。

「**茫茫白骨少人收**」戰場上的犧牲者，除了位高權重者能受人憑弔外，多少的無名士卒就只有是「紀石功名立」以慰後代罷了。

宗教是傳播和平的，佛法更是慈悲與愛的實踐者，力量的征服並不長久，只有如《佛遺教經》中說：「能行忍者，乃可名為有力大人！」

第九類為血湖產難的母親。

「懷耽十月，坐草三朝，初欣鸞鳳和鳴，次望熊羆叶夢。奉恭欲唱，吉凶只在片時；璋瓦未分，母子皆歸長夜。嗚呼！花正開時遭急雨，月當明處覆烏雲。」

佛教之重視孝道，從經典文句中多以父母為喻可見。《梵網經》：「一切男子是我父，一切女人是我母。」其他則如「禪定為父，般若為母」，又或「方便為父，慈悲為母」等皆是。

佛教節日中，則訂農曆七月為孝道月，以目連救母之公案，喻後世佛子應視孝親報恩為要。

釋迦牟尼佛亦曾為父擔棺，並上昇至忉利天宮為母說法，又為其妻耶輸陀羅開導，且度子出家。乃至特別講說《父母恩重難報經》，經中以懷胎守護、臨產受苦、生子忘憂、咽苦吐甘、回乾就溼、哺乳養育、洗滌不淨、遠行憶念、深加體恤、究竟憐愍等十恩詳細描述父母恩德過重丘岳。

佛教的報效親恩，光宗耀祖仍顯不足，當令父母明因果，勤修行，且為父母造像寫經、持戒修福才得名為孝順之子。

「懷耽十月」懷耽，又作懷擔，即懷胎十月之意。《趙氏孤兒》第五摺中寫道：「你則那三年乳哺曾無曠，可不勝懷擔十月時光。」這一句形容婦女妊娠期間的辛苦，如同懷有重擔。閩南語中有「病子」一語，因古人認為害喜也是病症的一種，而此病是因孩子而有，故稱之。**「坐草三朝」**婦女臨產、分娩謂之坐草。坐之本義，緣於古人的坐姿以雙膝跪地，把臀部靠在腳後跟上，後來則泛指以臀部著物而止息，所謂席地而坐者是。草，則是除了樹木、莊稼、蔬菜以外的莖幹柔軟的植物都統稱為草。在台灣舊慣中，把孩子出生稱為落土。過去的生育方式一般有二：一為「坐草」，或名坐蓐，因古代產婦臨產時，坐於草蓐上分娩。二為「坐桶」，或稱臨盆，古時女子的嫁妝中有腳桶、馬桶、腰桶，合稱為子孫桶，其中腰桶便是婦女生產時坐盆用。

傳宗接代，自古即為中國人的大事，男婚女嫁可說主要就是為了延續子嗣。所謂「不孝有三，無後為大」，其三指的是：一、阿諛曲從，陷親不義。二、家貧親老，不為祿仕。三、不娶無子，絕先祖祀。尤其中國人的「家族」觀念濃厚，在不孝的三種情況中，又以沒有後代屬其重者。

三朝之意甚多，也是中國傳統上非常重要的日子。

其一，謂農曆的正月初一日，為一年、一月、一日之始。顏師古注曰：「歲之朝，月之朝，日之朝，故曰三朝。」

其二，講天子三朝。古代天子有三朝：外朝、內朝、燕朝，講皇帝臨朝聽政的處所及對象。外朝，指宮門之外，為遇非常之事時詢萬民於宮中。內朝，指接見群臣，或謂路朝。燕朝則專指聽政，今名奏事。

其三，指歷事三任帝王的老臣，即三朝元老。唐．李德裕《離平泉馬上作》詩：「十年紫殿掌洪鈞，出入三朝一品身。」

其四，則為嬰兒出生之後的三朝之禮。古代醫學不發達，環境衛生條件差，嬰兒夭折率高，因此自懷胎伊始，至嬰兒周歲以前的禮俗、禁忌特別多。在婦女生產，需經三日的觀察期，待產婦、嬰兒平安的度過三日後才開始哺乳，並將嬰兒抱到大廳，在神明、祖先前洗澡，祈能獲得護佑，平安長大，此謂之「洗三朝」。

下二句，形容新婚夫妻，夫唱婦隨，後望不負傳宗接代之責。「**初欣鸞鳳和鳴**」鸞鳳和鳴，原為鸞鳥與鳳凰相應鳴叫，聲音和悅。嵇康《琴賦》：「遠而聽之，若鸞鳳和鳴戲雲中。」後以形容夫妻新婚，美滿和諧，也多用於婚禮上祝賀新人。《左傳．莊公二十二年》記載：「初，懿氏卜妻敬仲，其妻占之，曰：『吉，是謂鳳凰于飛，首鳴鏘鏘。』」「**次望熊羆叶夢**」占夢，是中國古代文化不可缺少的重要部分，示夢境為未來的吉凶之兆，是古人生活中重要的一環。古代婦女擔負生兒育女的重責大任，自然希望能在夜裡作夢時能有熊羆入夢來，生個男兒壯丁。

《小雅．斯干》：「吉夢維何，維羆維熊，維虺維蛇。夫人占之，維熊維羆，男子之祥。維虺維蛇，女子之祥」。羆似熊，而長頭高腳，呆憨，多猛力，能拔樹。熊、羆者是陽物，所以為男子之兆；虺、蛇者是陰物，所以為女子之徵。

後二句，講婦女生產之時的吉凶瞬間。「**奉恭欲唱，吉凶只在片時**」此句乃以奉、恭之兆為生產吉凶的占卜依據。奉恭欲唱有二說：一者，相傳奉和恭乃註生娘娘前之二童子，凡女人分娩時，彼唱則吉，不唱則凶。二者，人間生男女時，九天玄女遣天神於空中稱唱奉恭。生男，唱奉一千六百聲，欲其在家奉親，出仕奉君；生女，唱恭一千六百聲，令其歸夫家時，恭敬翁姑與夫也。

「**璋瓦未分，母子皆歸長夜**」母親生下孩子，男女性別未分之時，就因難產而命終。一般祝賀人家生男孩稱「弄璋之喜」，生女孩則稱「弄瓦之喜」。《幼學瓊林．老壽幼誕類》：「生男曰弄璋，生女曰弄瓦。」《小雅．斯干》：「乃生男子，載寢之床，載衣之裳，載弄之璋。」即生了男孩，就讓他睡在床上，穿上衣裳，以圭璋為其玩物。璋，是好的玉石，頂端作斜銳角形，是古代貴族在舉行朝聘、祭祀、喪葬時所用的禮器。另外，王侯公爵等尊貴之人，衣服上也都佩有圭璋，就是期待將來長大後也能成為王侯將相。

《小雅．斯干》：「乃生女子，載寢之地，載衣之裼，載弄之瓦。」意謂生了女孩，就讓她睡在地上，用被褥包裹，拿陶製的紡縛給她玩。瓦，是古代紡織用的陶製紗錠、紡錘，希望女孩將來長大之後能勝任女紅。璋是玉質也是禮器；瓦則是陶製的、也是紡織工具，兩者不僅質地不同，使用者的身分也大不同。璋、瓦用來代指男女，多少可看出古代社會是崇尚男尊女卑的。

「**花正開時遭急雨，月當明處覆烏雲**」應當盛開的花朵，卻因為一場又大又急的雨水給打落下來。應是一輪明月高掛天空的夜晚，卻來了層層濃厚的烏雲擋去了原有的明亮。說的是生命才正要開始，就已經殞滅。

這一類的召請文，是從妊娠婦女的立場為文。深刻描寫婦女懷孕之初的辛苦，臨產之際的不安。想起新婚之際的甜蜜，後繼的卻是傳宗接代與生兒育女的辛勞。尤其生產時的凶險，更是生死繫於一線之間。在佛教裡，母恩大於父恩；五逆重罪中，弒母之罪大於弒父，就是因為一切生命是母親所從出。燄口之中，特列此文，就為了讓子女明白父母之辛勞憂苦，進而能報答父母恩德。

第十類為冥頑悖逆之流

「戎夷蠻狄，喑啞盲聾，勤勞失命傭奴，妒忌傷身婢妾。輕欺三寶，罪愆積若河沙；忤逆雙親，凶惡浮於宇宙。嗚呼！長夜漫漫何日曉，幽關隱隱不知春！」

人之所以冥頑不靈，是因對真理無法信解，同時執於邪見而導致昏愚固陋，造作惡業、於生死海中輪轉不已。

「**戎夷蠻狄**」蠻夷亦稱「蠻彝」，戎狄亦作「戎翟」，是古代對四方少數民族的統稱。東方曰夷，南方曰蠻，西方曰戎，北方曰狄。春秋時居民中有華夏和戎、狄、蠻、夷的區分。各諸侯國經濟文化上較先進而自稱華夏，將較為落後的小國或部族稱之為戎、狄、蠻、夷。隨著歷史演變，戎、狄、蠻、夷和華夏錯雜混居不斷融合，組成今日的中華民族。

「**喑啞盲聾**」佛經中有所謂的八難之說，此八難因業障深重，知見不正，無法與三寶真理相應，所以欲見佛聞法，甚為困難。何謂八難呢？即生為地獄、餓鬼、畜牲、北俱盧洲、無想天、盲聾瘖啞、世智辯聰、佛前佛後之眾生。其中喑啞盲聾者雖生中國，但因業障深重，盲聾瘖啞，諸根不具，值佛出世而不見佛，雖說法亦不能聞。

「**勤勞失命傭奴，妒忌傷身婢妾**」奴婢為社會中階級低下之人，生為奴婢的因緣如《辯意長者子經》所言：「又有五事，常生卑賤為人奴婢。何謂為五？一者、憍慢不敬二親；二者、剛強無恭恪心；三者、放逸不禮三尊；四者、盜竊以為生業；五者、負債逃避不償。是為五事，常生卑賤奴婢之中。」不論因勤勞失命或因妒忌傷身者，皆因業力招感而又不明正理，因而長夜輪轉苦不堪言。

紀曉嵐曾以傭奴造謠招禍的故事，奉勸世人深信因果，以免起惑造業。御史佛公倫之友，家中有一傭奴，因游蕩為性遂為主人所逐。懷恨在心所以造作謠語，誣陷主人帷薄不修，主人百口莫辯。一日，該奴與友人於茶肆間縱談，忽然暴斃。隨後官方為其斂埋，棺薄土淺，屍骨為群犬所啃食，殘骸狼藉。大眾始知此為其造謠之報。另《太平廣記》有一篇〈王濟婢〉之短文，說明無智之人因聽婢子讒言而死。

晉朝王濟侍者，常透過婢女取王濟衣物，婢欲與之燕好但為其所拒，女婢因忿恨而誣陷侍者，王濟聽言隨即誅殺侍者。侍者臨死前告訴王濟：「枉不可受，要當訟府君於天。」王濟後患病，忽見侍者告之：「前具告實，既不見理，便應去。」王濟數日後便往生。生死禍福，業果儼然，奴婢雖因業力招感地位低賤之果報，但若依舊不明事理，愚癡度日，則將更招新殃。

「**輕欺三寶，罪愆積若河沙**」未學佛之人，不知恭敬三寶，已令人扼腕；更何況已知三寶，仍予以輕欺，則將獲罪難逃。梁武帝之后郗氏，因妒忌梁武帝學佛修行，曾毀破《妙法蓮華經》；她輕欺三寶，曾將蔥、蒜、韭等幾種污菜及腥膻之肉，假意供佛齋僧，破僧淨戒，壞佛清規。幸好僧人自造齋飯，巧妙換掉郗氏的污齋。她見僧人吃齋，以為自己的惡行得逞，便掩口竊笑。郗氏在宮中不知惜福，更不知因果報應，每日造輪迴之惡業。於三十歲時突然死亡，因生前心懷瞋毒，死後墮為蟒蛇之身。

「**忤逆雙親，凶惡浮於宇宙**」世人不識佛法，誤以為佛教為斷盡世間一切親緣為出世之勝因。佛陀以身教言教，教導弟子孝順父母，勤奮修道以報親恩。清朝《暗室燈》中，以一則故事說明不孝之人，果報迅速來臨之例。明朝有位周拔，自小聰穎，七歲便能吟詩作文。十六歲即被稱為「平陽佳人」。由於父母溺愛，愈發傲慢自大。一年周拔進京趕考，父母盡心籌措旅費，仍無法滿足周拔因貪欲而起的虛榮心，其父訓誡時遭其忤逆。周拔夢見被帶至閻王所。閻君對其說：「你平常違逆父母，雖有人之身軀，但卻是牲口心地。因你此生驕慢違逆等罪行，養成畜生種子，所以果報為驢，推磨受鞭。」周拔自知惡報難逃，錯愕而醒。隔天便患急病，啟齒堅苦，牙關緊閉，不到兩天，便死於驢鳴聲中。

「**長夜漫漫何日曉，幽關隱隱不知春**」日本僧人一休和尚曾寫出：「人生如夢，死去原是萬事空；荒塚埋白骨，富貴貧窮一樣同。」之詩，不論貴賤貧富、美醜好壞，在業力面前，不由得你不低頭。難得的人身，若任由無明蒙蔽自心而造業，面臨人生終點時，隨著惡業招感淪入惡道受苦，生生世世於業海中載浮載沉，豈不令人痛惜！

第十一類為宮幃美女、閨閣佳人

「宮幃美女，閨閣佳人，胭脂畫面爭妍，龍麝薰衣競俏。雲收雨歇，魂消金谷之園；月缺花殘，腸斷馬嵬之驛。嗚呼！昔日風流都不見，綠楊芳草髑髏寒。」

「**宮幃美女，閨閣佳人，胭脂畫面爭妍，龍麝薰衣競俏**」宮廷內的嬪妃為了爭得皇上的寵幸，閨閣中的美麗佳人，為了贏得心怡的男子眷愛，女為悅己者容，臉上塗脂抹粉爭妍鬥豔，競相用龍涎麝香來薰染衣裙，借此吸引情人的顧盼戀慕。但是一旦風雲變化，昔日恩愛剎那間如幻如夢，付諸流水。

「**魂消金谷之園**」：指的是西晉朝的散騎常侍石崇，從群盜手中救下綠珠母女，綠珠美而豔，善吹笛，石崇以十斛明珠聘為妾，並在皇都洛陽建金谷園來安置綠珠。晉惠帝永康元年，趙王司馬倫專權，其黨羽孫秀垂涎綠珠美貌，向趙王進讒言，領兵包圍金谷園捕捉石崇，當時石崇正在大宴賓客，對綠珠說：「我寵愛妳有加，卻因為妳而獲罪。」綠珠泣曰：「妾當效死君前，不令賊人得逞。」於是墜樓自盡，石崇全家被孫秀殺害。臨死前，石崇要求把他放在棺槨中，左右側各挖一個洞，把他的雙手放在洞外，遊街展示，警誡世人：「我石崇一生權勢顯赫，富甲天下，大限來時，兩手空空又能帶走什麼？」真的應驗了佛教的真義：「萬般帶不去，只有業隨身。」

「**腸斷馬嵬之驛**」指的是唐玄宗三千專寵楊貴妃一人，使得國運從開元盛世而衰頹不振。天寶十四載安祿山、史思明藉口討伐宰相楊國忠，發動叛亂，是為安史之亂。天寶十五載六月，唐玄宗決定放棄長安，逃亡四川，備嘗辛苦，來到了馬嵬坡驛站。保護唐玄宗的禁軍龍武大將軍陳玄禮對兵士們說：「今日天下板蕩，黎民受難，罪魁禍首就是楊氏兄妹，不殺他們如何平息百姓怨憤？」於是發生兵變。楊國忠被士兵蜂擁俘虜殺害，並且脅迫玄宗賜死貴妃楊玉環。玄宗不得已命令高力士將楊貴妃縊死於梨樹之下，蛾眉宛轉馬前死，空留下緜緜無絕期的千古憾恨，讓後人為之唏噓！

第十二類為傷亡橫死之流

「饑寒丐者，刑戮囚人，遇水火以傷身，逢虎狼而失命。懸梁服毒，千年怨氣沉沉；雷擊崖崩，一點驚魂漾漾。嗚呼！暮雨青煙寒鵲噪，秋風黃葉亂鴉飛。」

《瑜伽燄口》雖為佛教中超度亡魂的法事，但其中的召請文寫出社會各階層對於生命的憧景，同時反映人生無常、道盡世間的遺憾，也描述五濁惡世的沉淪之苦。而最能深切感受生命如露者，莫過於召請文第十二類的「傷亡橫死之流」。

佛教言橫死，指非因往世業果致死，而為自殺、被害或遭意外災禍而死亡者，所謂「實不應死，而便橫死」者也。因此，橫死又作非時死、不慮死、事故死。

在這一類的召請文裡，只是略顯橫死之名，《藥師經》中，救脫菩薩則為阿難尊者詳述了如來所說的九種橫死。

一、得病無醫：指因救治不及、醫療疏失而亡者。更有甚者，乃專信禍福之說，信邪倒見，此等橫死可令入於地獄，無有出期。

二、王法誅戮：在《瑜伽燄口》屬犯法遭刑、牢獄幽繫一類。《藥師經》七難中則謂他國侵逼難、自界叛逆難，即國家的外患內亂。他國侵逼乃受他國攻擊、侵略的災難，自界叛逆指手足相殘、同室操戈、內亂、內戰等。

三、非人奪精氣：經載以羅剎為食人且啖精氣之惡鬼。《法華經．陀羅尼品》記載有十羅剎女，其第十名為奪一切眾生精氣。民間祭拜的床母，相傳為佛陀度化的鬼子母，亦屬羅剎一類。

四、火焚：遇火難而失財殞命。

五、水溺：即非時風雨難，如山洪、土石流等均是。或如海上船難，身膏魚腹之中者亦同。

「**遇水火以傷身**」即上文之火焚與水溺，施食文中名為水火焚漂。大師曾開示，七難看似外來，招感者實乃吾人自心。好比火難，就像是心中的瞋火。《佛遺教經》：「當知瞋心甚於猛火，常當防護，無令得入。」瞋煩惱，好比猛烈的大火。火宅似的三界，也由煩惱熾盛而來。這瞋恚的火，實是在自己的心內。

又如水難，喻眾生於生死大海中漂蕩。尤其身陷愛欲之水中。《四十二章經》

中說：「人懷愛欲，不見道者，譬如澄水，致手攪之，眾人共臨，無有覩其影者；人以愛欲交錯，心中濁興，故不見道。」「汝等行者，當捨愛欲，愛欲垢盡，道可見矣！」

六、惡獸所啖：即前述之「**逢虎狼而失命**」，施食文中則稱虎咬蛇傷一類。

七、墮崖：行走於險難之途，遇地震、山難等禍，命喪羊腸之險。

八、毒藥咒咀：經云「橫為毒藥、厭禱、咒詛、起屍鬼等之所中害」。《禮法師義疏》：「凡咒毒藥，乃用鬼法，欲害於人。前人邪念，方受其害。若能正念，還著本人。」中國的湘西趕屍也屬咒起屍鬼一類。

九、飢渴所困：不得飲食而便橫死者，分有三：或自飢渴、或被禁飢渴、或自甘飢渴而死。

上述九橫，實為略說而已，因為「復有無量諸橫，難可具說！」佛陀深知眾生希冀離苦得樂之心，於是宣講藥師法門，苦勸眾生造續命幡、燃燈供佛、廣修福德，以此修福功德，增益已盡之命。

「**懸梁服毒，千年怨氣沉沉**」歷史上，唐代楊貴妃、三國呂布、明末崇禎帝、盛清朝的和珅等人，其人生盡頭均為絞縊而亡。漢時王昭君，三嫁匈奴以和親，後因歸漢不成服毒身亡。東漢宰相楊震，史書稱其「懷王臣之節，識所任之木」，卻因權奸誣陷，遭遣返鄉，憤而服毒自盡。類此諸人，其怨又豈是千年、萬年可消除？

「**雷擊崖崩，一點驚魂漾漾**」束手於大自然的天災地變，驚惶無措。

「**暮雨青煙寒鵲噪，秋風黃葉亂鴉飛**」二句形容人世無常的變化景象，淒涼蕭瑟。

佛教有一部經典，名為《八大人覺經》，經中所寫八事均乃「諸佛、菩薩大人，之所覺悟」，並且「以前八事，開導一切，令諸眾生，覺生死苦，捨離五欲，修心聖道。」其第一覺悟即為：「世間無常，國土危脆，四大苦空，五陰無我。」

在釋迦牟尼佛的教導下，希望一切眾生都能了解，平日所愛惜、呵護的、執著不捨的「我」，其實只是五蘊聚合的假我，並沒有真正能夠主宰生命的實體，每一世的受生皆是隨著業力而遷流不已。眾生對生命的遷流滿懷不安與疑慮，《阿彌陀經》：「從是西方，過十萬億佛土，有世界名曰極樂，其土有佛，號阿彌陀，今現在說法。」西方極樂世界才是一切眾生所皈依處。

「法界六道，十類孤魂。面然所統，薜荔多眾。塵沙種類，依草附木。魑魅魍魎，滯魄孤魂。自他先亡，家親眷屬等眾。」

「**法界六道，十類孤魂**」法界乃佛與眾生之本體，然四聖六凡，感報界分不同，故有十法界。十界孤魂分有兵卒、邪見、蠻夷、貧賤等粗分十類。

「**面然所統，薜荔多眾**」薜荔多，乃餓鬼之總名，由面然大士所統領。經載面然身形羸瘦，枯燋極醜，面上火然，其咽如針，頭髮蓬亂，毛爪長利，身如負重。

「**塵沙種類，依草附木**」孤魂種類數如塵沙，難以計數，一切依於山石草木等者並皆召請。

「**魑魅魍魎，滯魄孤魂**」《法華義疏．卷六》：「山神為魑，虎形也；宅神為魅，豬頭人形，身有尾；木石妖怪為魍魎。」滯魄孤魂，舊謂游蕩而孤獨無依的魂魄。

「**自他先亡，家親眷屬**」指現世已亡之男女親眷等輩。且不論生命以何種形態呈現，誠如星雲大師開示所言：「生命的來去如同薪盡火傳，生命的火苗永不停息；生死的轉變如同搬家喬遷，生命的主人仍是一樣。」最重要的，應當是要「發揮光熱，照耀世間；盡己所能，庇蔭眾生。」

此段文字總攝法界一切眾生，未免於十二類之外仍有遺漏未全者，因此一併召請，更顯佛教無緣大慈、同體大悲之精神。

人間文學 078

菩提伽耶那一夜

作　　者　依空法師

總 編 輯　賴瀅如
編　　輯　蔡惠琪
美術設計　許廣僑

出版·發行　香海文化事業有限公司
發 行 人　慈容法師
執 行 長　妙蘊法師

地　　址　241 新北市三重區三和路三段 117 號 6 樓
電　　話　(02)2971-6868
傳　　真　(02)2971-6577
香海悅讀網　https://gandhabooks.com
電子信箱　gandha@ecp.fgs.org.tw
劃撥帳號　19110467
戶　　名　香海文化事業有限公司

總 經 銷　時報文化出版企業股份有限公司
地　　址　333 桃園縣龜山鄉萬壽路二段 351 號
電　　話　(02)2306-6842

法律顧問　舒建中、毛英富
登 記 證　局版北市業字第 1107 號

定　　價　新臺幣 390 元
出　　版　2023 年 11 月初版一刷
I S B N　978-626-96782-5-9
建議分類　人間佛教 | 文學 | 哲思

香海文化　香海悅讀網

國家圖書館出版品預行編目 (CIP) 資料

菩提伽耶那一夜 / 依空法師作 . -- 初版 . -- 新北市 :
香海文化事業有限公司 , 2023.11
360 面 ; 14.8 x 21 公分
ISBN 978-626-96782-5-9 (平裝)
1. 人間佛教 2. 文學 3. 哲思

224.512　　112016698

《菩提伽耶那一夜》勘誤表			
頁	行	錯誤	更正
18	11	拘尸那城	拘尸那羅城
36	1	洗條	洗滌
39	11	御命	啣命
48	10	兩季	雨季
89	5	拘尸那城	拘尸那羅城
95	14	喜瑪拉亞山	喜瑪拉雅山
104	8	七次	六次
115	13	簝房	寮房
182	8	做中起立	座中起立
214	4	亳不	毫不
242	2	天在無縫	天衣無縫
284	13	荼毒	荼毒
323	12	日	曰
335	8	同維	同為
351	6	堅苦	艱苦

以上失誤，謹向作者及讀者誠摯致歉。